BusinessVillage

Armin Schubert

Positiv wirkt

Wie du mit positivem Denken und Handeln aktiv dein Leben gestaltest

BusinessVillage

Armin Schubert
Positiv wirkt
Wie du mit positivem Denken und Handeln aktiv dein Leben gestaltest
1. Auflage 2023

Bestellnummern
ISBN 978-3-86980-651-8 (Druckausgabe)
ISBN 978-3-86980-652-5 (E-Book, PDF)
ISBN 978-3-86980-653-2 (E-Book, EPUB)
Direktbezug unter www.businessvillage.de/bl/1152

Bezugs- und Verlagsanschrift
BusinessVillage GmbH
Reinhäuser Landstraße 22
37083 Göttingen
Telefon: +49 (0)5 51 20 99-1 00
Fax: +49 (0)5 51 20 99-1 05
E-Mail: info@businessvillage.de
Web: www.businessvillage.de

Layout und Satz
Sabine Kempke

Grafik auf dem Umschlag und Illustrationen im Buch
Fraulyoner. Aljona Buchloh, www.fraulyoner.de

Druck und Bindung
www.booksfactory.de

Inhalt

Über den Autor

Armin Schubert ist Coach, agiler Unternehmensberater und Sprecher. Seit 2001 arbeitete er als Team- und Abteilungsleiter in der Internetbranche und konnte Erfahrung als Führungskraft sammeln. Im Jahr 2012 begann seine Arbeit mit agilen Methoden, bei denen Team und Mensch in den Fokus gerückt werden. Später, 2013, gründete er mit Kollegen die Emendare GmbH & Co. KG, eine erfolgreiche agile Unternehmensberatung. Die Vision »Positive Kräfte entfesseln« begleitet ihn in vielen Teams, Branchen und Organisationen. Mit »Positiv wirkt« finden diese Methoden jetzt zu den einzelnen Menschen. Konkrete Methoden zum Ausprobieren, die auf jahrelanger Erfahrung und der Überzeugung, dass die notwendige Energie zur Veränderung in jedem Menschen vorhanden ist, beruhen.

Kontakt

E-Mail: armin.schubert@emendare.de
Web: www.emendare.de

Vorwort von Marc Löffler

»Wenn du bei einem Spaziergang vor allem darauf achtest, dass du nicht in einen Hundehaufen trittst, dann wirst du am Ende überall Hundehaufen sehen.«

Das ist einer der ersten Sätze, die mir Armin mit auf den Weg gegeben hat und den man auch in diesem Buch wiederfindet. Man sieht immer das, worauf man sich fokussiert. Zwei Menschen können den gleichen Spaziergang machen und ihn doch unterschiedlich erleben. Das, worauf du dich fokussierst, bestimmt deine Wahrnehmung. Klingt einfach, oder? Ist es auch, wenn es nicht so schwer wäre. Dummerweise ist man als Mensch primär darauf geeicht, die negativen, schlechten und eventuell gefährlichen Dinge in unserer Umgebung wahrzunehmen. Anders hätte es unsere Art vermutlich nicht so weit gebracht. Klingt zwar doof, aber letztendlich stammen wir alle mehr oder weniger von miesepetrigen Vorfahren ab. Neueste Genforschungen weisen sogar darauf hin, dass nicht nur körperliche Merkmale vererbt werden können, sondern auch Ängste und traumatische Erfahrungen. Leider kann man das umgekehrt nicht von positiven Erfahrungen sagen. Um es kurz zu machen, eine positive Lebenseinstellung wurde uns nicht in die Wiege gelegt. Die müssen wir uns erst erarbeiten. Wie gut, dass es endlich dieses Buch gibt.

Das erste Mal habe ich Armin getroffen, als er gerade dabei war, ein paar Teilnehmern des Agile Coach Camps Germany die Grundlagen in Erster Hilfe beizubringen. Dazu hatte er eine komplette Sanitätsausrüstung mitgebracht. Armin macht eben keine halben Sachen. Wenn er etwas macht, dann immer zu hundert Prozent und mit Leidenschaft. Schon damals hat mich seine positive Art in den Bann gezogen. Man verbringt einfach gerne Zeit in seiner Nähe. Diese positive Ausstrahlung verbindet er mit seiner direkten Art, mit der er auch Dinge anspricht, die anderen unangenehm wären. Da er es aber auf diese unnachahmliche Art macht, nimmt man es ihm selten krumm. Das hilft ihm natürlich auch bei seiner Arbeit als Agile Coach. Hier hatte ich bereits mehrfach das Vergnügen, mit Armin zusammenarbeiten zu dürfen. Es ist immer wieder eine Freude, dabei zu sein, wenn Armin mit Teams oder Einzelpersonen arbeitet. Ich kenne kein Team, welches am Ende nicht traurig ist, wenn Armin zum nächsten Kunden aufbricht. Die meisten Teams merken aber bald, dass Armin immer Spuren hinterlässt. Positive Spuren. Meist schafft er es bereits nach ein paar Wochen, dass das Team seine eigene Positivität findet und entfesselt. Dafür nutzt er einen ganzen Blumenstrauß an Methoden, die jeder Scrum Master, Agile Coach, Agile Master und auch jede Führungskraft in seinem Werkzeugkoffer haben sollte. Wie gut, dass es endlich dieses Buch gibt.

In meiner Arbeit als Agile Coach und Scrum-Master-Flüsterer steht für mich immer der Mensch im Fokus. Ich schaffe Arbeitsumgebungen, in denen Menschen gerne arbeiten. Getreu dem agilen Manifest, dass Menschen und deren Zusammenarbeit wichtiger sind als Prozesse und Tools. Dazu gehören meiner Meinung nach auch eine positive Grundstimmung und Haltung gegenüber der eigenen Arbeit. Auch mir wird immer wieder nachgesagt, dass ich eine positive Ausstrahlung mitbringe. Einer meiner Coaches meinte mal, dass ich die Energie im Raum zum Positiven verändern könne. Es macht mir jedes Mal wieder Spaß, Menschen ein Lächeln ins Gesicht zu zaubern und für eine positive Arbeitsatmosphäre zu sorgen. Das Blöde an der Sache: Ich habe keine Ahnung, wie ich das mache. Es passiert einfach; ungeplant. Wie schön wäre es also, wenn man ein paar Ideen und Praktiken an die Hand bekäme, an denen man sich orientieren kann? Ich war also nicht uneigennützig, als ich Armin Anfang 2022 dazu animierte, dieses Buch zu schreiben. Wie gut, dass es endlich dieses Buch gibt.

Positiv wirkt! Davon bin ich persönlich überzeugt. Je mehr Menschen dieses Buch lesen und vor allem in die Tat umsetzen, desto besser. Darum mein Appell an dich: lies das Buch nicht nur. Picke dir jeden Tag eine Idee aus diesem Buch heraus und setze sie um. Du wirst schon bald bemerken, wie sich deine eigene Einstellung verändern wird. Kurz darauf wird es deine Umgebung bemerken und diese positive Lebenseinstellung wird sich weiter ausbreiten. Alles beginnt mit dir. Mache heute noch den ersten Schritt und unsere Welt zu einem besseren Platz. Das Rüstzeug hältst du gerade in deinen Händen.

Wie gut, dass es endlich dieses Buch gibt!

Marc Löffler, Autor, Agile Coach und Gründer der Scrum Master Journey

Positiv wirkt – Was soll das?

Hallo, ich bin Armin Schubert! Es freut mich sehr, dass du dieses Buch in Händen hältst. Ich arbeite seit über zehn Jahren als Coach in kleinen Teams, großen Organisationen und natürlich regelmäßig mit einzelnen Personen. Immer wieder erlebe ich Klienten, die trotz aller Erfolge in Frust und Negativität versinken.

In all meinen Vorträgen, Coachingaufträgen, Gesprächen mit Einzelkunden und Teamsessions spielt Positivität eine große Rolle. Daraus ist mittlerweile eine umfangreiche Sammlung an Erfahrungswerten, Methoden und Tipps entstanden. Alle Tipps hier in diesem Buch basieren auf konkreten Kundenproblemen, Teamsituationen und Fragen meiner Klienten.

Dieses Buch soll diese Sammlung aus Tipps und Erfahrungswerten für die Menschen nutzbar machen, die Interesse daran haben, ihr Leben zu verbessern, und für diese Veränderung selbst die Verantwortung übernehmen. Dieses Buch in der Hand zu halten, ist ein toller erster Schritt auf diesem Weg.

Was erwartet dich?

Das Ziel dieses Buchs ist es, dir dabei zu helfen, mehr Positivität in dein Leben zu holen. In Kapitel I »Positiv wirkt – Sofortstart« gibt es einen Überblick über die zehn Schritte, die dann in einer ausführlicheren Anleitung erklärt werden. Mir ist wichtig, zu erwähnen, dass ich alle Methoden mehrfach für mich selbst, bei Kunden oder in Teams, die ich begleiten durfte, angewendet habe. Dazu erschaffe ich kein neues, wissenschaftliches Werk, sondern erkläre, wie leicht es ist, Positivität aktiv zur Wirkung zu bringen. Du kannst das Schritt für Schritt in deinen Alltag einbauen. Kapitel II ist meine persönliche Betrachtung, warum Positivität eine wichtige Rolle in unser aller Leben spielen sollte. In den dann folgenden Kapiteln III, IV und V findest du konkrete Positivitätsmethoden für dich selbst, deine Familie und Teams in deinem Umfeld. Kapitel VI bildet den Abschluss.

Du bist nicht sicher, wann du mit den positiven Experimenten starten wirst und interessierst dich grundsätzlich für das Thema? In Kapitel I »Positiv wirkt – Sofortstart« findest du auch einige Hintergrundinformationen, Erfahrungsberichte und kleine Experimente, die den Einstieg vereinfachen. Viel Vergnügen beim Durchstöbern!

I.

Positiv wirkt – Sofortstart in zehn Schritten

Du willst sofort starten? Los geht's!

Invasion Russlands, Klimakatastrophe, Corona, überall schlimme Nachrichten inklusive noch schlimmerer Bilder, Stress im Job ..., es nimmt kein Ende. Einige der Gefahren sind echte Bedrohungen für unser aller Gesundheit, ja unser Überleben. Es ist wichtig für unser Überleben, dass wir diese Gefahren wahrnehmen und akzeptieren. Den Blick ausschließlich auf diese Gefahren zu halten, hilft niemandem. Langfristig brauchen wir die positiven Dinge in unserem Alltag und die schönen Aspekte, um wieder Kraft für die wichtigen Herausforderungen zu tanken. Genau hier setzt »Positiv wirkt« an.

Um nicht zu viel Zeit für deinen Start verstreichen zu lassen, gibt es jetzt eine Positiv-wirkt-Sofortstart-Anleitung. Das Beste an dieser Anleitung? Du musst sie nicht bis zu Ende befolgen! Selbst wenn du nur die ersten drei Schritte für dich umsetzt, wird sich eine positive Veränderung einstellen. Natürlich sind die anfänglichen Verbesserungen sehr klein. Das ist völlig in Ordnung und sollte nur deine Vorfreude vergrößern.

Ich habe die restlichen Schritte ergänzt, damit du noch mehr Dinge hast, die du aktiv in dein Leben holen kannst. Wenn du möchtest, kannst du jede Woche einen weiteren Schritt hinzunehmen. Oder du lässt dir genau so viel Zeit, wie du für richtig hältst. Wenn du möchtest, kannst du die Zeit, die du dir für dieses Experiment nimmst, mit einem kleinen Notizbuch begleiten. So kannst du leicht für dich notieren, wie sich die Schritte anfühlten, welche Rückmeldungen du erhalten hast, und die Geschichten begleiten dich ab da immer weiter. Es ist unausweichlich, dass Rückschläge und Probleme auftauchen werden. Du kannst diese Positiv-wirkt-Sofortstart-Anleitung immer wieder an der Stelle neu starten, die du für richtig befindest.

Positiv wirkt.

Die Positiv-wirkt-Sofortstart-Anleitung

1. Achte auf deine Umwelt. Es geht nicht darum, ein Wolkenschloss zu erbauen, einen Filter aufzusetzen oder alles nur noch rosarot zu sehen. In jeder Situation solltest du ein ausgewogenes Bild wahrnehmen. Nicht zu gut, auch nicht zu schlecht. Du brauchst insbesondere die negativen Eindrücke, um daraus Motivation zu ziehen und die Veränderung zu starten.

2. Es ist deine Entscheidung. Positivität ist eine bewusste Entscheidung, ja eine Haltung. Du entscheidest dich, für dich mehr Positivität in dein Leben zu integrieren. Glaube mir, die Entscheidung ändert einiges. (Die genaue Erklärung gibt's im ausführlichen Teil.)

3. Achte auf Dinge, für die du dankbar sein möchtest. Ab der Sekunde, in der du wirklich Danke sagen möchtest, folgt dein Gehirn deinem Wunsch. Du wirst Dinge finden, für die du dankbar bist. Deine Wahrnehmung erweitert sich und sobald du die ersten Dinge in deinem Umfeld entdeckt hast, hebt sich deine Stimmung. Viele Kleinigkeiten wirken besser als wenige große Dinge.

4. Achte auf dich selbst! Das klingt jetzt ein wenig seltsam, viele Menschen haben aufgehört, auf ihre eigene Stimmung zu achten. Dieser Filter schützt vor zu großen Emotionen, möglicherweise auch vor positiven Gefühlen. Halte kurz inne und spüre in dich rein. Du darfst für dich erneut spüren, dass positiv nicht immer ekstatisch, euphorisch und am oberen Limit sein muss. Good is good enough. Erst der Kontrast zwischen den guten und den eher schlechten Gefühlen macht den Reiz unseres Lebens aus. Die Balance ist der Schlüssel.

5. Geh raus! Dieser Punkt mag auf den ersten Blick komisch wirken. Doch es ist erwiesen, dass Bewegung guttut. Geh raus und mach einen Spaziergang. Egal, ob du eine nette Person triffst, einen tollen Ausblick genießt oder die Natur dich verzaubert ..., die Chance, draußen auf schöne Dinge zu treffen, ist üblicherweise deutlich höher als auf dem altbekannten Sofa.

6. Sprich darüber! Als Einstieg reicht es tatsächlich, wenn du mit dir selbst redest. »Was war gut an diesem Tag?«, »Was ist mir positiv aufgefallen?«, »Wofür bin ich heute dankbar?«. Am besten direkt vor dem Schlafengehen. Den Effekt dieses Schrittes kannst du dadurch steigern, dass du mit anderen Menschen darüber sprichst, wofür du dankbar bist. Erzähl deinem Partner oder deiner Partnerin, was du heute Schönes gesehen hast und wie sich das auf dich ausgewirkt hat. Teile die Begeisterung aus deinen netten Begegnungen und wunderbaren Überraschungen des Tages, egal wie klein sie auch waren. (Hier geht es nicht um eine erfundene Geschichte, sondern ausschließlich um die Dinge, die du tatsächlich wahrgenommen hast.) Wie großartig ist ein Abendessen, bei dem die Familie und Freunde teilen, was sie heute Schönes erlebt haben, oder sich an einen tollen gemeinsamen Urlaub erinnern.

7. Bedanke dich! Jetzt startet der spannende Teil dieser Anleitung. Du nimmst deine Gefühle, deine Umgebung und die Wirkung der schönen Dinge aus deiner Umwelt auf dich wahr. Nun kannst du deine Mitmenschen daran teilhaben lassen. Bedanke dich bei den Menschen in deinem Umfeld für die Wirkung, die deren Handlungen auf dich haben. »Ich danke Ihnen, Herr Musterfrau. Die Zeit bei Ihnen in der Massagepraxis war sehr angenehm und ich fühlte mich sehr gut!« wirkt viel intensiver als »Danke für die Massage«. Achte auf die Reaktion der anderen Person und mach dir klar, dass deine Worte gerade das Leben eines anderen Menschen positiv beeinflusst haben. Nimm das Gefühl wahr, das durch deinen Dank bei dir selbst entsteht. Du selbst kannst dich entscheiden, eine Verbesserung im Leben deiner Mitmenschen zu erzeugen. Du selbst kannst aktiv beitragen. Durch deinen Dank.

8. Mach anderen eine Freude! Jetzt hebst du deine Aktivität auf die nächste Ebene. Schenke jemandem Blumen, mach ein Kompliment oder schenke eine andere nette Geste. Achte auf die Reaktion der anderen Person und nimm das Gefühl wahr, das in dir selbst entsteht. Du selbst kannst anderen Menschen aktiv helfen und das fühlt sich gut für dich selbst an. Wie toll!

9. Feiere deine Misserfolge! Oder zumindest Teile davon. Du findest an vielen Stellen in deinem Alltag Dinge, für die du dankbar bist. Immer wieder findest du Momente, in denen du deine Dankbarkeit ausdrückst. Mitmenschen, deiner Umgebung und dir selbst gegenüber. Der nächste Schritt ist jetzt, zu erkennen, dass an schlechten Dingen nicht alles schlecht ist. Wenn du direkt vor der Tür der Postfiliale merkst, dass du deinen Geldbeutel vergessen hast, ist das ärgerlich. Statt dich über diese Verfehlung selbst und ohne Konsequenz zu ärgern, kannst du dich über die zusätzlichen Schritte freuen oder die Zeit nutzen, um nach schönen Dingen zu suchen. Die immer mal wieder auftauchenden negativen Dinge haben jetzt keine Kontrolle mehr. Solltest du aus einer negativen Erfahrung eine sinnvolle Erkenntnis gewinnen und damit dein Leben aktiv verbessern können, ist das eine positive Sache.

10. Gehe in Führung. Nachdem du es regelmäßig bis zu Schritt neun schaffst, kommt jetzt die Kür. Du übernimmst für dich und die Menschen in deinem Umfeld die Führung. Du trittst sichtbar für Positivität ein. Immer wieder treffe ich auf Gruppen, die sich in Negativität, Genörgel bei gleichzeitiger Passivität hochschaukeln. Du hast bereits selbst erfahren und aktiv gestaltet, dass Positivität Folge deines aktiven Handelns ist. Jetzt setzt du Akzente und hilfst durch Fragen und positive Perspektiven, den Negativstrudel bei anderen zu unterbrechen.

Mit diesen zehn Punkten holst du dir selbst immer mehr Positivität und damit Dankbarkeit in dein Leben und baust stetig deine Resilienz auf und aus. Das mag sich am Anfang seltsam anfühlen, lässt einen dann aber nicht mehr los.

Was deine Positivität für Früchte trägt, wenn man sich darauf einlässt, ist kaum in Worte zu fassen. Einfach ganz vielen Dank dafür.

[Dominik Guder, ein Kunde und Kollege von mir]

1. Achte auf deine Umwelt

Hier in Kapitel eins der Positiv-wirkt-Schnellstart-Anleitung sprechen wir darüber, warum es wichtig ist, die Welt ausgewogen, das heißt mit allen Facetten, den positiven sowie den negativen, wahrzunehmen. Dann grenzen wir das Konzept »Positiv wirkt« von den vorhandenen Begriffen »positives Denken« und »toxische Positivität« ab. Danach stellen wir noch kurz die Verbindung zur Negativität her. Denn du brauchst die Negativität ebenso wie die Positivität. Alles andere wäre esoterisches Geschwurbel, dann würdest du deine Wirksamkeit verlieren.

Die Menschen, mit denen ich arbeiten durfte, freuen sich nicht darüber, dass wir gemeinsam ein wunderschönes Luftschloss aufgebaut haben. Diese Menschen haben sich selbst mehr positive Aspekte in ihren Alltag, in ihren Beruf, in die Familie geholt. Jetzt können sie sich immer wieder selbst helfen und für sich selbst wirksam sein.

Ausgewogenheit ist der Schlüssel

Schau dich um. Egal, wo du gerade bist.
Lass deinen Blick ein wenig schweifen.

In deinem Alltag nimmst du die meisten Dinge der Umwelt nicht wahr. Diese Aspekte sind weder bedrohlich noch direkt attraktiv. Ich bezeichne diese Masse an Dingen als »stille und graue Masse«. Sollte es in deiner Umgebung konkrete Gefahren geben, stehen diese aufgrund des Selbsterhaltungstriebs in der Wahrnehmung oben. Ich möchte diese Masse als »laut und dunkel« bezeichnen. Ich gehe davon aus, dass du dieses Buch in einem Moment liest, in dem keine laute und dunkle Masse in deinem Umfeld vorhanden ist.

Neben der unsichtbaren grauen Masse und der bedrohlichen dunklen Masse möchte ich deine Aufmerksamkeit auf die freudigen, schönen Dinge lenken. Ich nenne sie die »leise und bunte Masse«. Diese Eindrücke zaubern dir ein Lächeln auf die Lippen und schenken dir ein Gefühl der Sicherheit. Diese drei unterschiedlich gefärbten Massen spielen eine gleichermaßen wichtige Rolle. Wäre ein Leben in einer ausschließlich positiven, bunten Umwelt nicht wunderbar?

Ich denke, dass jeder Mensch die Antwort auf diese Frage kennt ...
Ein Leben nur mit Sonne wäre tödlich, wie wir gerade durch die Klimakatastrophe immer wieder erfahren dürfen. Ein Leben nur im Schatten wäre auf andere Art katastrophal. Ein ausgewogenes Wechselspiel von Licht und Schatten, Tag und Nacht hält unser Leben im Gang.

Genau wie unsere Welt aus Nacht und Tag, Sonne und Regen, Ebbe und Flut besteht, brauchen wir Menschen Erfolg und Misserfolg, wir brauchen Aktion und Pause, wir brauchen Sieg und Niederlage, wir brauchen Negatives und Positives.

Warum ist die laute, dunkle Masse so wichtig? Wozu müssen wir Negatives wahrnehmen? Wäre es nicht einfacher, Gefahren, negative Eindrücke und Probleme einfach zu ignorieren?

Negatives hilft uns beim Überleben

Wir Menschen würden nicht überleben können, würden wir nicht die negativen und gefährlichen Dinge in unserem Leben wahrnehmen. Denn nur weil wir die Dinge nicht wahrnehmen, ändert das nichts an ihrer Existenz. Tatsächlich gibt es mehrere Studien, die ein Verhältnis von eins zu drei bis eins zu fünf belegen. Es braucht ungefähr drei- bis fünfmal mehr positive Eindrücke als negative Eindrücke, bis wir einen Tag als positiv wahrnehmen (Fredrickson 2011). Warum ist das so?

Es ist wichtig, dass wir uns selbst vor Schmerz, Verletzungen und Anstrengungen schützen, wenn es um unser Überleben geht. Ohne die Wahrnehmung der negativen Aspekte unseres Lebens wären wir längst gestorben. Tatsächlich ist das so wichtig für jeden von uns, dass unsere Wahrnehmung für negative Dinge, Bedrohungen und Gefahren empfindlicher ist als für Positives. Das genau ist die laute, dunkle Masse, von der echte Lebensgefahr ausgeht. Es war für unser Überleben wichtiger, die Schlange, den Tiger oder die Giftpilze frühzeitig wahrzunehmen als die Beeren, Wurzeln oder schönen Blumen. In der heutigen Zeit spielt die laute, dunkle Masse kaum noch eine Rolle für unser Überleben und einige Menschen leiden unter der Bevorzugung der Gefahrenwahrnehmung.

Positivität ist letztlich die konstante Suche nach Elementen der leisen, bunten Masse, die sich unsichtbar in der stillen, grauen Masse, die sonst belanglos ist, versteckt halten. Wir müssen aktiv auf Blumen am Wegesrand achten, um sie damit aus der stillen, grauen Masse herauszuheben. Damit machen wir sie zum Teil der leisen, bunten Masse. Ab jetzt nehmen wir sie wahr und sie helfen uns, die Bilanz von eins zu fünf zu unserem Vorteil zu verändern.

Negatives treibt uns an

Damit die Menschheit die beispiellose Evolution überhaupt vollziehen konnte, waren immer wieder Schmerz, Leid und Mangel notwendig. Diese haben die frühen Menschen angetrieben, sich neue, bessere, komfortablere Lösungen zu suchen. Das ist auch heute noch so. Wir suchen nach Lösungen für die aktuellen Probleme in unserem Leben. Je größer der Fokus, umso komplexer, träger und ungerechter scheint die Lösung. Es bleibt das grundsätzliche Bestreben nach Verbesserung der Lebenssituation.

Aus den ursprünglich negativen Erfahrungen ziehen wir die Dankbarkeit, die wir empfinden, wenn die Situation besser wird. Wenn wir diese Verbesserung selbst herbeigeführt haben, schenkt uns das Selbstwirksamkeit. Wir sind uns selbst dankbar und stolz darauf, dass wir in der Lage waren, mit unserer eigenen Aktion das Leben von uns und den Menschen um uns herum zu verbessern.

Wir wollen als Menschen daran arbeiten, unsere Situation zu verbessern. Genau wie ein Bergsteiger sich zum Ziel gesetzt hat, den Gipfel zu erklimmen, wollen wir eine bestimmte, negative Komponente aus unserem Leben entfernen oder abmildern. Wir laufen nicht immer auf Positives zu, sondern wir orientieren uns immer wieder neu, welche Aspekte gerade nicht schön sind, und arbeiten dann auf deren Entlastung hin. Wir müssen immer wieder Bezug zu unserer Realität herstellen. Dabei ist die Wahrnehmung der eher negativen Aspekte unerlässlich.

Reinhold Messner, einer der berühmtesten italienischen Bergsteiger, sagte in einem Interview: »Viele Menschen glauben, dass man angekommen ist, wenn man den Gipfel erreicht hat. Dabei ist er nur der Umkehrpunkt. Vorher geht es aufwärts und nachher eben abwärts.« (Messner 2016)

Viele Sportler sind in den Momenten kurz nach dem größten Erfolg nicht euphorisch und glücklich, sondern eher niedergeschlagen und orientierungssuchend. Denn nach dem Erreichen des einen Erfolgs gilt es, sich selbst neu zu orientieren und dann neu an einer Verbesserung zu arbeiten. Das wird als bodenständig oder geerdet bezeichnet.

Einen Dauerzustand »erfolgreich«, »glücklich« und »positiv« gibt es nicht. Es ist immer wieder die neue Entscheidung, sich auf diese Aspekte zu fokussieren, ein Thema voranzutreiben und dabei immer wieder mit Negativem in Kontakt zu treten, ohne sich davon bremsen, leiten oder lähmen zu lassen.

Bleiben wir kurz beim Bild der Bergsteiger. Selbst wenn sie nicht gerade die höchsten Berge der Welt erklimmen, gibt es immer ein Auf und ein Ab. Der Bergsteiger, der nur noch einen Gipfel am Horizont erblickt, weiß genau, dass er den gleichen Weg wieder absteigen muss. Ein Bergsteiger, der mehrere Gipfel im Horizont liegen hat, weiß, sein eigener Horizont wandert mit. Wenn er den Gipfel der einen Tagestour erreicht hat, befindet sich mit absoluter Sicherheit wieder ein Abstieg innerhalb seines Horizontes.

Der Abstieg, genau wie der Aufstieg, erfordert Kondition, Trittsicherheit und Wille. Der Gipfel verlöre seinen Reiz, wenn wir ein Zelt neben dem Gipfelkreuz aufschlügen und dieses dann zu unserem Hauptwohnsitz erklärten. Wir werden bessere Bergsteiger, das heißt, wir bauen Resilienz auf, indem wir regelmäßig üben, wie Auf- und Absteigen geht. Genau wie der Bergsteiger sich häufig diesen Situationen aussetzen will, um besser und sicherer zu werden, können wir das ebenfalls tun. Negative Situationen zu vermeiden, bringt nur Nachteile. Die Situation für eigenes Wachstum und als Herausforderung zu nutzen, ändert nichts an der notwendigen Anstrengung, bringt aber eine positive Perspektive ins Spiel, die uns langfristig motiviert.

Dieser Kontrast ist unser Antrieb, fast der Sinn des Lebens. Menschen, die keine Probleme wahrnehmen oder kennen, leiden nicht selten unter extremer Antriebslosigkeit und fallen in eine tiefe Passivität. Wenn du als Mensch nichts verbessern kannst, fehlt dir jeder Antrieb. Wozu solltest du dann morgens dein Bett verlassen?

Es ist notwendig, dass wir uns mit der lauten, dunklen Masse auseinandersetzen. Das ist genau die Stelle, an der du wirksam sein kannst. Positiv wirkt an genau diesem Punkt und hilft dir, eine Stelle in deinem Leben etwas leiser und bunter zu gestalten. An diesen Veränderungen hängen noch viele wunderbare Seiteneffekte, die wir später besprechen.

Positives Denken

Was ist dieses positive Denken, von dem alle sprechen?

Wikipedia schreibt hierzu: »Die Methode ›Positives Denken‹ zielt im Kern darauf ab, dass der Anwender durch konstante positive Beeinflussung seines Bewusstseins (zum Beispiel mithilfe von Affirmationen oder Meditation) in seinen Gedanken eine dauerhaft konstruktive und optimistische Grundhaltung erreicht und infolgedessen eine höhere Zufriedenheit und Lebensqualität erzielt.«

In meiner Arbeit als Agile Coach und Veränderungsbegleiter treffe ich bei vielen Menschen auf die deutsche Ingenieursmentalität. Man möchte Probleme lösen. Das ist toll! Ich kenne Menschen, die sich durch das häufige Auseinandersetzen mit Problemen den Blick auf die Chancen verbaut haben. Immer wieder konfrontieren sie sich und andere mit Sorgen, Nöten, Problemen und das führt zu einer Stimmung, die die Kommunikation belasten kann.

Nicht selten darf ich Mitarbeitern von IT-Unternehmen dabei helfen, die eigenen Erfolge wieder wertzuschätzen. Nicht selten springen diese Menschen von einem Projekt ins nächste, ohne dabei festzuhalten, was sie erreicht haben. Das führt unweigerlich zu Frust, Stress und nicht selten zu körperlichen Folgen. Für diese Menschen ist der achtsame Umgang mit den positiven Folgen ihres Handelns, das Wahrnehmen der Erfolge, ja das bewusste Feiern der positiven Aspekte des Lebens ein toller erster Schritt.

Meine Impulse bestehen dann darin, dafür zu sorgen, dass diese Menschen kurz innehalten, die eigenen Erfolge wahrnehmen, feiern und mit anderen Menschen darüber sprechen. Das führt mittelfristig zu mehr Zufriedenheit, Zuversicht und Resilienz.

Zu diesem Komplex gibt es unendlich viele Bücher rund um Selbsthilfe, Achtsamkeit und Du-bist-der-Herr-deiner-Gedanken. Diese Bücher sind wichtige und richtige Ratgeber. Alle Positivitätsmethoden in diesem Buch beinhalten Komponenten aus dem Bereich des positiven Denkens, denn wir werden die Ergebnisse und Folgen unseres positiven Wirkens bewusst in uns aufnehmen. Ich begegne immer wieder Menschen, die sich eine wunderschöne Welt positiv denken können, jedoch niemals ins Handeln kommen. Positives Denken verkommt damit zu etwas ausschließlich Passivem und entfaltet nur eingeschränkt Wirkung.

Wir dürfen als Menschheit nicht mehr nur denken. Wir dürfen handeln. Du darfst handeln. Wirksam sein. Der Titel dieses Buchs ist »Positiv wirkt« und nicht »Positiv wartet«. Du kannst jetzt damit beginnen, Wirkung zu entfalten!

Was ist Positivität nicht?

Um das deutlich zu machen: Positivität bedeutet, wir packen uns ausschließlich an der eigenen Nase. Wie bereits beschrieben, geht es darum, unsere Gedanken, unsere Wahrnehmung und unsere Aufmerksamkeit zu steuern. Das können wir anderen Menschen weder befehlen noch aufzwingen. Ein wichtiger Teil der toxischen Positivität kommt aus dem Anspruch an andere.

»Sei doch mal gut drauf!«
»Du bist immer so schlecht drauf!«

Diese Vorwürfe helfen nie und niemandem. Die Gefühle sind wahr und richtig. Ein Spruch hilft nichts.

Was du tun könntest, wenn du einer eher negativen Person begegnest, wäre entweder das Schaffen einer positiveren Umgebung oder das Isolieren dieser Person. Damit änderst du deine Lebenssituation und kannst dann aus deinem freien Willen die Einladung aussprechen, ob der andere Mensch sich auf den Weg machen möchte. Ja, manchmal heißt das, dass man andere Menschen zurücklassen, ja sich selbst überlassen muss. Das ist respektvoll diesen Menschen gegenüber, die sich vielleicht noch nicht entschieden haben, etwas zu verändern.

Ich schaffe durch mein offenes Zuhören eine positive Erfahrung. Ich höre zu, nicht mit der Intention, zu antworten, sondern mit der Intention, die Situation der Person zu verstehen, zu fühlen. Hierbei verzichte ich auf jede Wertung. Daraus entstehen immer wieder Ansatzpunkte für Verbesserung. Ich darf zu einem Spaziergang einladen und dabei auf die schönen Dinge hinweisen. Ich darf nach schönen Geschichten in der Vergangenheit fragen, ich darf durch Fragen den Fokus auf Chancen legen. Ich darf nach den bisherigen Erfolgen fragen und darauf Möglichkeiten für die Zukunft aufbauen. All das sind Angebote. Genau wie die Entscheidung für Positivität in dir liegt, liegt die Entscheidung für Positivität in deinem Mitmenschen genau dort. Im Mitmenschen.

Wenn du mit deiner Positivität vorausgehst, Vorbild bist, einen emotionalen Gegenpol darstellst, kannst du selbst ein Angebot sein, an dem sich andere Person orientieren können und wollen. Solltest du der anderen Person deine Positivität, Haltung oder Energie aufzwingen, verlierst du das gesamte bis zu diesem Zeitpunkt aufgebaute Vertrauen.

Bleib respektvoll bei dir. So kannst du dein Angebot einfach aufrechterhalten und der anderen Person die notwendige Zeit einräumen, sich auf den Weg zu machen.

Selbstschutz vor Fremdschutz

Es gibt wenige Dinge, die mich eindrücklicher geprägt haben als eine Ausbildung zum betrieblichen Brandschutzhelfer bei meinem damaligen Arbeitgeber. Der Ausbilder hat klare Worte gefunden für den zentralen Satz »Selbstschutz vor Fremdschutz«. Dieser hat Gültigkeit in vielen Lebensbereichen (Tauchsport, Rettungsdienst, Brandschutz, Erste Hilfe und so weiter). So auch im Kontext der Positivität.

Der Brandschutzausbilder erklärte das wie folgt: »Wenn ihr versucht, euren Arbeitskollegen aus dem Gebäude zu tragen und dabei nicht zu hundert Prozent sicherstellen könnt, dass ihr erfolgreich seid, sind plötzlich zwei Personen in konkreter Lebensgefahr. Wenn eine Person aus dem Gebäude fliehen und die professionelle Hilfe zum zurückgelassenen Kollegen schicken kann, ist die Wahrscheinlichkeit des Überlebens für beide insgesamt höher. Wenn ihr bei eurem Rettungsversuch scheitert, seid ihr im Gebäude unauffindbar und tot. Schnell. Beide.«

Im Kontext der Positivität verhält sich das so ähnlich. Als Vorbild oder als positiver Wegbegleiter kannst du immer wieder inspirieren und für dich selbst Energie sammeln. Das bedeutet mitnichten, dass du bis zur Selbstaufgabe für andere Menschen ackern und schuften musst. Ich denke wir alle kennen Menschen, die Energie von uns abziehen und regelmäßig schlechte Laune verbreiten. Vielleicht ist es sinnvoll, diesen Menschen keine Bühne zu schenken und immer mal wieder auf Abstand zu gehen.

»Du sollst deinen Nächsten lieben wie dich selbst!« (Matthäus 22:39.)

Um es mit einem weiteren Bibelzitat zu veranschaulichen, sogar in der Bibel werden wir selbst auf die gleiche Stufe gestellt wie unsere Mitmenschen. Ich selbst habe diese Textstelle lange Zeit zu meinem Nachteil ausgelegt und den Mitmenschen über mich gestellt. Schule, Kirche und Familie haben mich zur

Nächstenliebe, doch nicht unbedingt zur Selbstliebe geprägt. Immer wieder wurde mir die Notwendigkeit von Hilfsbereitschaft gezeigt. Ich kann mich nicht erinnern, jemals über Selbstschutz gesprochen zu haben.

Positivität ist keineswegs Aufopferung, Selbstaufgabe oder Unterhaltung, um der guten Laune der Mitmenschen willen. Es geht darum, in dir selbst zu ruhen, dort Energie zu finden, die du dann mit anderen Menschen teilen kannst. Vor allem anderen darfst du Positivität für dich nutzen und entdecken. Ob deine Mitmenschen dabei mitmachen, ist deren Sache.

Ein konkretes Beispiel an dieser Stelle: Mittlerweile sind meine wirklich dummen Flachwitze ein wichtiges Werkzeug zur Arbeit mit Teams geworden. Ja, damit kann ich einen positiven Impuls in einer festgefahrenen Gesprächssituation setzen. Es ist jedem Teilnehmer selbst überlassen, ob gelacht wird oder ob selbst noch ein Witz erzählt wird. Den Teilnehmern ist klar, dass ich kein Pausenclown bin, sondern dass ich bewusst zwischen mehreren solcher Zustände umschalten kann.

Positivität ist weder einfach noch ein Selbstläufer

Wie ich betont habe, ist Positivität kein Dauerzustand. Sondern das bewusste Wahrnehmen einzelner kurzer Momente voller Positivität. Um diese Momente wahrzunehmen, brauchen wir den Kontrast zwischen positiven und eher negativen Emotionen. Es mag früher mal verlockend gewesen sein, sich den negativen Emotionen hinzugeben und diese in den Fokus zu rücken. Genau hier liegt die Herausforderung. Positivität ist eine aktive Entscheidung. Es ist anfangs völlig natürlich, dass wir nicht jeden Tag die Bereitschaft und Energie finden, uns für Positivität zu entscheiden.

Positivität ist darüber hinaus nicht nur die aktive Entscheidung, sondern die Entscheidung zur Aktivität. Was kannst du heute tun, um die Situation ein winziges bisschen zu verbessern? Wie kannst du an anderer Stelle für Verbesserung sorgen, um der Problemstellung nicht passiv begegnen zu müssen? Durch deine Handlungen entstehen positive Rückmeldungen. Damit lernst du, dass du Dinge bewegen, verändern kannst. Das schenkt dir selbst Resilienz. Je mehr Resilienz wir aufgebaut haben und je klarer wir den Effekt spüren, desto leichter fällt es uns, die Entscheidung zu treffen. Denn dann wissen wir schließlich, wie sich Positivität für uns anfühlt.

Es ist absolut normal, dass uns Überraschungen und negative Erlebnisse ab und an in eine negative Stimmung bringen. Die Chance und Herausforderung ist, immer wieder aufs Neue die Entscheidung zu treffen und die positiven Aspekte in diesen Erlebnissen zu finden. Ich werde im Kapitel »Gehe in Führung« genauer auf diesen Komplex eingehen.

Positivität ist kein Glück

Ich treffe immer wieder auf Menschen, die darauf warten, dass das Glück von außen kommt. Sie setzen Positivität mit Glück gleich. Zwei Dinge passen da für mich nicht zusammen:

Erstens: Du selbst kannst die Verantwortung für deine Wahrnehmung übernehmen, das hat mit Zufällen durch eine höhergestellte Macht oder dem Schicksal nichts zu tun. Glück ist als Konzept an dieser Stelle nicht passend. Es gibt günstige Zufälle, und jemand, der nicht offen auf Gutes reagiert, nimmt diese günstigen Zufälle gar nicht wahr und bleibt in seiner Negativität gefangen. Die initiale Veränderung der eigenen Aufmerksamkeit kommt aus dir. Du entscheidest dich, deine Wahrnehmung um die Chancen und das Positive zu erweitern. Dadurch ändert sich deine Sicht auf die Welt. Das ist kein Glück, sondern das Ergebnis deiner Entscheidung.

Zweitens: Durch das Akzeptieren des Wartens geben diese Menschen die Verantwortung ab. Warum starten sie nicht die einfache und leichte Veränderung und achten auf ihre Aufmerksamkeit? Warte nicht auf Glück, Fügung oder irgendwas von außerhalb. Wenn du mehr Glück und Freude in dein Leben holen möchtest, dann geh raus und mache einen Spaziergang und achte dabei bewusst auf die schönen Dinge, die dir begegnen. Jedes Mal, wenn du dich aktiv entscheidest, etwas zu tun, schaffst du dir selbst die Chance, dass etwas Schönes in dein Leben tritt. Es ist deutlich weniger wahrscheinlich, eine großartige Überraschung zu finden, wenn du zu Hause auf dem Sofa sitzt und Streamingdienste nutzt. Jedes Mal, wenn du deine Haustür öffnest und das Haus verlässt, öffnest du dich für wunderbare Begegnungen, schöne Naturerlebnisse und freudige Überraschungen.

Toxische Positivität

»Die Dosis macht das Gift!« (Paracelsus)

Ich hätte nicht gedacht, dass dieser Satz auch für Dankbarkeit und Positivität gilt. Doch ich muss feststellen, dass Positivität, wenn man sie übertreibt und den Realitätsbezug verliert, zu einer schadhaften, giftigen Essenz werden kann.

Es gibt Menschen, die Positivität so verstanden haben, dass jeder Mensch allein durch feste Affirmation seine Zukunft gestalten kann. Das ist ein fundamentaler Gedanke aus dem Konzept »Positives Denken« und in gewissen Maßen richtig. Diesen Gedanken noch weiter ins Extrem getrieben lande ich bei Realitätsverweigerung im Namen der scheinbaren Positivität. Die Realität wird zurückgelassen und derartige Luftschlösser werden als Fundament für Wirtschaftsunternehmen genutzt.

Nun gibt es tatsächlich Firmen, die eine Massenentlassung damit rechtfertigen, dass die freigesetzten Mitarbeiter nicht positiv genug in die Zukunft geblickt haben und damit dafür gesorgt haben, dass diese Kündigungswelle notwendig wurde. Damit zieht sich das Management aus der Verantwortung (Ehrenreich 2012: YouTube-Video ab Minute 13:00) und argumentiert mit einer scheinbar fehlende Positivität bei den ehemaligen Mitarbeitern. Positivität derart übergriffig einzusetzen, zeigt deutlich, wie wenig Respekt vor den Mitarbeitern existiert.

Oder ... Menschen sehen alles durch die rosarote Brille. Begriffe wie Problem, Sorgen, Fehler sind verboten. Alles ist voller Lernerfahrungen, Erlebnischancen und Zukunftspotenziale. Ich begegne immer wieder Menschen und Organisationen, die mich wegen ihrer Probleme und Sorgen ansprechen und sich von mir Begleitung auf dem Weg zur Lösung wünschen. Würde ich diesen Menschen verbieten, ihre aktuell noch problembehaftete Realität zu beschreiben, bestimmte Worte verbieten, ich könnte wirklich keine respektvolle und belastbare Zusammenarbeits- und Vertrauensbeziehung aufbauen.

Positivität darf nicht blind für Krankheit, Tod, Krieg, Probleme und Sorgen machen. Positivität zeigt immer wieder Optionen auf, um aus diesen Kontexten heraus Wege zu finden oder zu schaffen, die langfristig für ein besseres, positiveres und dankbareres Leben sorgen. Wir dürfen unsere Probleme und Sorgen wahrnehmen. Sie werden uns belasten, uns zu Tränen rühren und ab und an in die Knie zwingen. Das sind die Momente, in denen wir wirklich aufstehen und unsere neue Zukunft gestalten können. Durch das Überwinden von solch schweren Momenten kann ich Resilienz und Selbstvertrauen aufbauen. Damit bin ich besser auf das vorbereitet, was die Zukunft bringt. Durch Reflexion kann ich meinen Beitrag zur Veränderung zum Guten wahrnehmen, meinen bisher gegangenen Weg aus dem Tal erkennen, mir meiner neuen Resilienz bewusst werden. Jetzt hilft mir das Tal der Negativität auf meinem weiteren Weg.

Ein wichtiger Botschafter der Gefühle ist Wut. Vielleicht reagieren wir mit dieser Wut auf das Ende einer Täuschung (wir sind end-täuscht: enttäuscht) durch Mitmenschen, unsere Umwelt oder uns selbst. Diese Wut kann ein wichtiger Motor für Veränderung sein. Diese Wut und die Erfahrung der Enttäuschung stärken den Wunsch, nie wieder in eine solche Situation zu kommen. Ab jetzt hilft uns diese Wut, stärkt uns den Rücken und schenkt uns Durchhaltevermögen.

Würde ich negative Emotionen verneinen, wäre alles ein Einheitsbrei und es würde sich nicht lohnen, gestaltend in die Zukunft blicken zu wollen. Ja, wir ärgern uns meist über Dinge in der nahen Vergangenheit ... Sie helfen uns dennoch, langfristig eine bessere Zukunft zu bauen.

Die wichtige Erkenntnis bleibt, positiv wirken zu wollen – das bedeutet, sich nicht destruktiv der Wut hinzugeben und alles um sich herum zu zerschlagen. Sondern die Wut wahrzunehmen, bewusst positive Entscheidungen zu treffen und dann mit der Wut den ersten kleinen Schritt zu tun.

Eine Sache ist mir wichtig!
»Positiv wirkt« zielt immer nach innen. Oder eben zur eigenen Nase! Ich kann mit meiner Positivität als Beispiel vorangehen, mehr dazu im Kapitel »Gehe in Führung«, meine Aktionen und Aktivitäten zielen immer auf mich. Natürlich kann ich eine Einladung aussprechen und meinen Mitmenschen helfen, sich auf den Weg zu Positivität zu machen. Sämtliche Effekte, die wir mit Positivität und Dankbarkeit erreichen können, verkehren sich in etwas sehr Negatives, wenn wir sie anderen Menschen respektlos und übergriffig aufbürden.

Immer wieder kommen Menschen auf mich zu und fragen: »Wieso bist du so gut drauf, wie machst du das?« Das ist der Einstieg in die Kommunikation, in die ich natürlich die Einladung, selbst aktiv zu werden, einbette. Selbstverständlich helfe ich dann mit Tipps und meinen Erfahrungswerten, sonst gäbe es dieses Buch nicht. Auf keinen Fall baue ich Druck, Erwartungshaltung oder Zwang auf. Genießt eure kleinen Erfolge auf eurer Reise und erzählt anderen davon. Lasst sie selbst entscheiden, wie sie mit diesen Informationen umgehen.

Achte auf deine Umwelt – Zusammenfassung

Wie wir alle täglich erleben, gibt es in unserem realen Leben immer alle Aspekte. Eine große Menge an stiller, grauer Masse, die wir einfach ausblenden. Eine in modernen Zeiten und in unserer Region kleine Menge an lauter, dunkler Masse, die für uns eine echte Bedrohung darstellt. Schließlich noch die leise, bunte Masse, die uns Freude macht, die wir selbst gestalten dürfen und müssen und die von der stillen, grauen Masse verschluckt zu werden droht.

Die Kunst ist hier, die Balance zu finden und sich immer wieder aktiv und bewusst umzuschauen. Nur dann sehen wir das vollständige Bild unserer Umwelt. Wir wollen die negativen genau wie die neutralen, genau wie die positiven Dinge wahrnehmen.

»Achte auf deine Umwelt« gibt uns die Chance, gute Entscheidungen zu treffen.

Wie überall in unserer Realität führt die Übertreibung und Übergriffigkeit der Positivität zu einer schädlichen negativen Variante davon. Die sogenannte toxische Positivität ist die extreme Übertreibung des allzu passiven positiven Denkens. In der Balance zwischen dieser Passivität und der übergriffigen Positivität liegt »Positiv wirkt«.

Wir alle können die positiven Dinge wahrnehmen und für uns selbst aktiv nutzen. Ohne Übergriffe, Druck und Zwang gegenüber unseren Mitmenschen. Wie das geht und warum das sinnvoll ist, erfährst du später im Buch. Jetzt erst mal musst du dich entscheiden.

2. Es ist deine Entscheidung

Nachdem wir festgestellt haben, dass wir als Fundament einer guten Entscheidung eine vollständige und ausgewogene Sicht auf unsere Umwelt brauchen, kommen wir jetzt zu unserer eigenen Entscheidung.

Umgang mit negativen Informationen

Um auf eine Bedrohung hinzuweisen und dabei Gehör zu finden, musst du nur laut sein: Niemand würde »Es brennt!« flüstern. Ab jetzt sind alle Menschen, die sich ebenfalls in Gefahr sehen, nicht mehr zugänglich für positive Nachrichten. Es würde niemand zuhören, wenn kurz nach »Es brennt!« jemand »Schaut mal, was für schöne Blumen!« rufen würde. Durch die negative Botschaft ist unsere Wahrnehmung im Überlebensmodus, wir suchen nach weiteren Lebensbedrohungen, um unsere Gesamtsituation einschätzen zu können und unser Überleben sicherzustellen.

Falls wir einer echten Bedrohung ausgesetzt wären, würde uns dieser Überlebensmodus helfen. Glücklicherweise hat die Anzahl echter Bedrohungen abgenommen. Was zugenommen hat, ist die Anzahl schlechter Nachrichten, die uns erreichen. Viele dieser Nachrichten werfen uns emotional in den Überlebensmodus. Die heutige Presselandschaft und Berichterstattung macht sich genau diesen Überlebensmodus zunutze. Das bedeutet, dass in fast jedem Nachrichtenformat, welches konsumiert wird, die negativen Nachrichten, Gefahrenmeldungen oder Katastrophenberichte den prominentesten Platz am Anfang der Sendung einnehmen. Damit sind wir gefesselt und gespannt und können nicht umschalten, denn wir wollen alle Informationen erhalten, um unsere Bedrohungslage bewerten zu können.

Selbst wenn jetzt noch positive Nachrichten oder sportliche Erfolge in diesem Format gesendet würden, würden die Zuschauer nur wenig davon wahrnehmen. Das Gehirn ist im Überlebensmodus. Wer interessiert sich für die

Blumen in der Bundesgartenschau in irgendeiner Stadt, wenn in Australien ein Zug entgleist ist und dabei fünf Menschen zu Tode gekommen sind und die drastischen Bilder mit Feuer, Blaulicht und Rettungskräften noch in Erinnerung sind?

In einer Zeit von Coronapandemie, menschengemachten Wetterkatastrophen, Angriffskrieg durch Russland, Inflation, nicht mehr tragbaren Arbeitsbedingungen für die Pflege- und Medizinkräfte, ... Es gibt jeden Tag genug schlechte Nachrichten, um jedes Nachrichtenformat dieser Erde zu füllen. Als zum Beispiel die Kampfhandlungen durch Russland in der Ukraine begonnen haben, haben einige Menschen einige Tage mit dem Aufsaugen der (schlechten) Nachrichten verbracht. Das ist ein absolut normales Verhalten und es bedarf einer bewussten Entscheidung, diesem Doomscrolling (englisch für Scrollen in sozialen Medien von einer schlechten Nachricht zur anderen) ein Ende zu setzen.

Was macht dieses Doomscrolling oder der Fokus auf scheinbar bedrohliche Nachrichten mit uns? Wir fühlen uns bedroht und unsicher. Zudem befinden wir uns ununterbrochen im Stress. Im Gegensatz zur sinnvollen Nutzung von negativen Informationen zu unserer Weiterentwicklung oder zum Setzen von Zielen konfrontieren wir uns ununterbrochen mit drastischen negativen Bildern und Informationen. Es ist wenig überraschend, dass dies schnell und drastisch Einfluss auf unsere Stimmung nimmt.

Hier hilft nur ein bewusster und kontrollierter Umgang mit diesen Informationen. Jeder Mensch muss für sich selbst entscheiden, wie viele Informationen zum aktuellen Weltgeschehen richtig für ihn sind. Es ist definitiv hilfreich, die Anzahl der Nachrichtenkanäle, die Dauer der Nutzung und die Häufigkeit der Nutzung konsequent zu reduzieren. Ein komplettes Ausblenden und Ignorieren der verschiedenen Krisen in der Welt könnte zu einem unrealistischen Zerrbild führen. Das würde möglicherweise den eigenen aktiven Beitrag unmöglich machen. Bei einem sinnvoll dosierten Umgang mit schlechten Nachrichten kann immer noch die notwendige Orientierung stattfinden und der eigene Beitrag, der die Krise reduzieren soll, sorgt für gute Laune und eine bessere Welt.

Es hat einen Grund, weshalb Katzen-, Hunde- und Spaßvideos im Internet so viel Zuspruch finden. Sie stellen den Gegenpol zu den andauernd negativen Themen dar. Die tollpatschige kleine Katze lässt uns die anderen Informationen, die wir konsumieren, kurz vergessen. Hier treffen wir unterbewusst die Entscheidung, dass es jetzt Zeit für positive Informationen ist.

Nimm bitte deine Reaktion bewusst wahr. Es ist völlig in Ordnung, ab und zu in den Doomscrolling-Modus zu verfallen. Du wirst immer häufiger bemerken, dass dieses deinem Überlebensmodus geschuldet ist. Wenn du dies feststellst, kannst du ab jetzt entscheiden, ob du weiterhin Videos mit schrecklichen Bildern konsumieren willst oder lieber aktiv für dich und deine Mitmenschen tätig werden möchtest.

Raus aus dem emotionalen Einheitsbrei

Wenn wir uns klarmachen, wie wichtig traurige, schmerzhafte und emotionale Momente für unsere persönliche Weiterentwicklung sind, wird schnell deutlich: Das dauerhaft positive und erfolgreiche Bild, welches einige Medien, viele soziale Netzwerke und einige Lebensratgeber als Idealbild zeichnen, ist schädlich. Wir ignorieren die Misserfolge, die eine Lernchance sind. Wir ignorieren Schmerz, der uns motivieren kann. Wir blenden die Anstrengungen aus, die uns langfristig Selbstsicherheit und Selbstbewusstsein geben. Es scheint, als würden wir durch die Medien oder die eigene mediale Entscheidungsfaulheit emotional in einem Einheitsbrei stecken. Viele schlimme Bilder und ziemlich viel irrelevanter Inhalt flimmern vorbei. Sehr wenige positive Ereignisse füllen die Nachrichten. Ist das Leben oder die Welt um uns herum schlimmer geworden? Ich glaube das nicht. Immer wieder und an vielen Orten gibt es gute und positive Geschichten.

Sie werden, da sie wenig fesselnd und dramatisch sind, nur viel weniger weit übertragen. So versanden die guten Nachrichten und nur die schlimmen Bilder erreichen uns.

Jeder muss diese Reise, die wir Leben nennen, für sich selbst machen. Ja, wir können uns Reisebegleiter suchen, und dennoch müssen wir die Wege selbst gehen. Wir alle haben unterschiedliche Startbedingungen, Reiserouten und Ziele. Aus diesem Grund ist der Austausch über die Reise, samt ihrer Täler und Gipfel, hilfreich. Die beiden Pole bilden ein Gesamtbild.

Positivität selbst braucht die Polarität. Jeder von uns darf Negatives erleben, um darauf die Zukunft zu bauen, die wir für erstrebenswert halten. Ein Leben ohne Negatives wäre antriebslos, ohne Ehrgeiz und ohne Erfolgserlebnis. Leider gibt es Menschen, die krank sind. Menschen mit Depression, Angststörung und ähnlichen Krankheitsbildern ist nicht damit geholfen, ihnen eine Zwangspositivität von außen aufzubürden, die ihre eigene Last nur noch vergrößert. Diesen Mitmenschen können wir helfen, indem wir sie mit den bekannten, wissenschaftlich nachgewiesenen Behandlungsmethoden unterstützen und begleiten. Oder wir helfen ihnen, indem wir immer wieder unsere Liebe und Energie als Vorbild leben und dadurch positive Orientierungspunkte im Leben der leider kranken Mitmenschen anbieten. Es bedarf des Respekts der gesunden Menschen gegenüber den erkrankten Menschen, die Situation zu akzeptieren und mehr als bloße Phrasen und oberflächliche Ratschläge zu leisten. Dennoch darf jeder Mensch für sich selbst in seiner eigenen Entscheidungsgewalt und Geschwindigkeit die negativen Dinge genau wie die positiven Dinge wahrnehmen.

Götz W. Werner schrieb in seinem Buch »Mit Vertrauen führen«: »Wir atmen ein, das ist wichtig, das wird jeder bestätigen. Aber ohne Ausatmen funktioniert es nicht. Nur Einatmen führt zum Tod.« (Werner 2021: 23)

Genau wie wir nicht für die Mitmenschen atmen können, können wir nicht die Wahrnehmung für sie übernehmen. Das muss jeder selbst tun. Indem wir diese Tatsache akzeptieren und die Menschen in ihrer individuellen Situation akzeptieren, schaffen wir Raum für Positivität.

Erst wenn wir die Höhen und Tiefen unserer Reiseroute, die Berge und Täler, die positiven und negativen Tage unseres Lebens als wichtig und richtig anerkennen, können wir aus ihnen die notwendige Motivation schöpfen. Dann sehen wir das komplette Bild und sogar die Negativität hilft uns. An den Punkten der Reise, die wir gemeinsam teilen, profitieren wir vom respektvollen Austausch. Je offener wir das können, desto besser für unsere Reisemotivation. Wenn du dich entscheidest, offen, aktiv und bewusst mit allen Emotionen umzugehen, bekommen sie für dich wieder den ursprünglichen Wert. Es ist kein Einheitsbrei mehr, der massiv von den Medien extern gesteuert wird. Sondern du kannst bewusst entscheiden, wann du aus welchen Quellen neue Emotionen hinzuholst.

Eine entfernte Verwandte aus San Francisco, Rita Leitner, hat das wunderbare Lebensmotto: »Life is good. Be grateful!« Ihr Leben war geprägt von ihren acht Kindern, eines davon starb leider früh. Um die Kinder versorgen zu können, arbeitete sie Nachtschichten, während sie tagsüber ihr Studium abschloss. Bis ins hohe Alter ist Rita bei allen Rückschlägen und Problemen am Lächeln. Es gibt immer etwas im Leben, für das sie Dankbarkeit empfindet. Dieses Lebensmotto hat sie ihr ganzes Leben begleitet und sie hat es unter anderem an mich weitergegeben. Ihre aktive Hilfsbereitschaft und ihre Fröhlichkeit sind für mich vorbildhaft.

Life is good. Be grateful!

[Rita Leitner, eine Verwandte von mir]

Positiv wirkt! Oder: wirksame Positivität

Ich bin fest davon überzeugt, und viele meiner Coaching- und Firmenkunden bestätigen mir das, dass der bewusste Einsatz von Positivitätsmethoden und die achtsame Haltung zur Positivität zu einer nachhaltigen Veränderung der Beziehungen und der Kommunikation führen.

Der Tod eines geliebten Mitmenschen, Krieg, Krankheit, ... – All diese Dinge dürfen ihre negative Emotion behalten. Nicht jeder Tag des Lebens ist rosarot und glücklich. Doch kommt nach einer Phase der Tränen und der Trauer eine Aufarbeitung. Diese Aufarbeitung startet mit dem Wunsch, die aktuelle Phase zu verändern.

Ab jetzt kann jeder Mensch beginnen, immer wieder aktiv gestaltend die Entscheidung zu treffen, sich auf positive Dinge, Menschen und Chancen zu konzentrieren. Mit den negativen Erfahrungen und dem Schmerz als Gepäck in deiner Erinnerung entscheidest du dich, aufzubrechen. Du hältst kurz inne, kontrollierst nochmal dein Gepäck und entscheidest dich für eine Richtung. Wenn du jetzt nur positiv denkst, ändert sich an deinem Standpunkt nichts. Du bleibst, wo du bist. Oder du wirst selbst wirksam und gehst den ersten winzigen Schritt in eine Richtung.

Die Richtung zu finden, festzustellen, ob du in die richtige Richtung gehst, ist ohne das Gepäck, ohne die negativen Dinge nicht möglich. Nachdem der erste kleine Schritt erfolgt ist, hältst du erneut inne, prüfst, ob dein Gepäck leichter geworden ist, und entscheidest dich für eine neue Richtung oder weitere Schritte in die bisherige Richtung.

Die Bewegung hin zu einer besseren Zukunft schließt wertschätzenden Umgang mit den Menschen und Erlebnissen der Vergangenheit bewusst ein. Nur weil die Reise weitergeht, heißt das nicht, dass die bisherigen Reisestationen an Wertschätzung verlieren.

Das ist »Positiv wirkt«. Du hast die Kontrolle und Verantwortung für deine Schritte, deine Veränderung. Damit baust du eine positive Erfahrung und positives Feedback für dich selbst auf. Dass du mit allergrößter Wahrscheinlichkeit damit dein Umfeld positiv beeinflussen wirst, ist nur ein Nebeneffekt. Es geht auf der Reise um dich. Natürlich werden dir auf der Reise Hindernisse und Probleme begegnen. Die haben immer nur Einfluss auf deine Richtungsentscheidung, niemals auf dein Fortkommen. Du bleibst in Bewegung, denn Passivität lähmt.

Jetzt kommen wir zu einem wichtigen Schritt von »Positiv wirkt«. Es ist deine Entscheidung für dein Denken und Handeln. Du kannst die Methoden, Fragen und Haltungen aus diesem Buch ausprobieren und für dich in Erlebnisse umwandeln. Wenn du das aus einer bereits ablehnenden Haltung heraus unternimmst, steckst du in einer selbsterfüllenden Prophezeiung. Mach winzige Experimente, spiel sie im Kopf durch und achte auf die Wirkung, die sich einstellt. Erst wenn du dir selbst klar darüber bist, dass sich das gut anfühlt, kannst du den nächsten Schritt machen und deine neue Haltung aktiv zur Wirkung bringen. Mach diese Schritte immer in deiner Geschwindigkeit, basierend auf deiner Entscheidung und Erfahrung. Bleib in Bewegung und mutig. Dann kann nichts schiefgehen.

Wir hören immer wieder Menschen, die von der Hoffnungslosigkeit sprechen, die die Probleme unlösbar erscheinen lassen. Ich möchte gar nicht in Abrede stellen, dass einige Probleme wirklich enorm groß und nahezu unlösbar sind. Wenn die Erzählweise dazu führt, dass wir alle den Kopf in den Sand stecken, kommen wir der Lösung oder Linderung der Probleme niemals näher.

Es ist egal, wie klein deine Idee, deine Überzeugung, dein Zutrauen ist – wenn du dafür eintrittst, dass sich Dinge ändern und verbessern lassen, sorgst du langfristig für Veränderung. Du wirst Menschen mitreißen, begeistern und die scheinbar riesige Hoffnungslosigkeit in kleine, umsetzbare Ideen teilen.

Es ist egal, wie klein deine Handlung in Bezug auf das Problem ist, selbst kleinste Veränderungen geben dir das Gefühl, aktiv an der Verbesserung beteiligt zu sein, und viele dieser kleinen Schrittchen werden langfristig ein großer Schritt werden.

Ich habe geholfen, Essenspakete für Ukraine-Flüchtlinge zu packen. Habe ich damit den Krieg verhindern können? Nein. Ich habe einen winzigen Beitrag zur Verbesserung der Situation geleistet.
Ich habe aufgehört, Duschgel aus Plastikflaschen zu verwenden. Habe ich damit das Müllproblem gelöst? Nein. Ich habe einen winzigen Beitrag zur Verbesserung geleistet.
Ich habe Spenden an Tafeln, Bahnhofsmissionen und Hilfsorganisationen geleistet. Habe ich damit Welthunger, Obdachlosigkeit und soziale Ungerechtigkeit besiegt? Nein. Und doch habe ich in Einzelfällen einen Beitrag zur Verbesserung geleistet.

Es gab immer Menschen, die daran glaubten, dass die Situation verbessert werden könnte, und dann die ersten Schritte eingeleitet haben.

Der wichtige Aspekt ist, dass es nicht darum geht, das große Problem lösen zu wollen. Mit diesem Anspruch würden wir alle in Passivität enden und niemand würde mehr an der Lösung arbeiten. Es geht darum, immer wieder an die Lösbarkeit zu glauben, kleine Dinge zu verbessern und damit langfristig einen großen Effekt zu erzielen. Mit diesen kleinen aktiven Elementen schaffst du dir persönlich positive Erlebnisse, die dich mit Stolz erfüllen. Damit ebnest du den Weg zu mehr Positivität in deinem Leben.

Positivität ist, immer wieder eine Entscheidung zu treffen und seine Wahrnehmung bewusst in die positive Richtung schweifen zu lassen. Das klappt nicht an allen Tagen, das klappt nicht immer, doch wenn du einmal gemerkt hast, wie toll das Leben mit der Bereicherung durch Positivität ist, wirst du immer wieder für dich entscheiden: »Heute sage ich mir und meinen Mitmenschen danke, heute achte ich in meinem Stress auch auf die schönen Dinge!«

Die vielleicht wichtigste Komponente im Leben mit Positivität ist die Dankbarkeit. Dazu gibt es später ein ausführliches Kapitel. Statt zu viel Zeit ausschließlich mit positivem Denken zu verbringen, ist es ein toller und einfacher Start, mit positivem Danken anzufangen. Dir, deinen Mitmenschen, Fremden. Viel Spaß!

Beschränkende Glaubenssätze

Sprechen wir mit anderen Menschen, tauschen wir unsere Stimmung aus. Wir spüren, wie es der Person geht, die Person spürt unsere Stimmungslage. Sobald wir positiv in Interaktionen gehen, besteht die Wahrscheinlichkeit, dass wir unseren Gesprächspartner zum Positiven beeinflussen. Immer wieder wird dieser Umstand als strahlende Persönlichkeit bezeichnet.

Neben der Tatsache, dass unsere Haltung auf andere Menschen abstrahlt und somit unsere Umwelt massiv beeinflusst, gibt es noch eine weitere wichtige Person, die wir selbst durch unsere Sprache und unsere Gedanken beeinflussen: uns selbst. Das mag an dieser Stelle in diesem Buch nicht allzu überraschend klingen, doch leider habe ich nicht nur gute Nachrichten. Es gibt einen Menschen, der dir immer zuhört, egal wie ironisch, lustig, sarkastisch oder provokativ deine Sprache auch ist: du selbst. Viel zu oft sprechen wir hart und negativ von und mit uns selbst. Da wir jeden der von unserem Gehirn gesprochenen Sätze hören, bevor sie ausgesprochen werden, haben diese Sätze eine extreme Wirkung auf uns selbst. Das heißt, da wir uns selbst vertrauen, stimmen wir uns selbst dabei zu, wenn wir Dinge sagen wie:

»Ich schaff das nicht!«
»Ich kann das nicht!«
»Dafür bin ich zu ...«

Das Gehirn, das solche Dinge ausspricht, glaubt sich selbst und bestätigt uns genau darin, dass wir etwas nicht können. An dieser Stelle kommt die spannendste aller Fragen auf: »Wer bin ich?«

In Walter Moers Buch »Die 13 ½ Leben des Käpt'n Blaubär« kommt ein skurriler Charakter namens Professor Nachtigaller vor, der über mehrere Gehirne verfügt (Moers 1999: 134). Genau diesen Charakter bräuchten wir alle. Dann könnten wir mit einem unserer Gehirne unabhängig die Geschichten überprüfen, die wir uns selbst erzählen. Da wir diese zusätzlichen Gehirne leider nicht haben, dürfen wir hier wieder mit Bewusstheit kontrollieren, welche Gedanken wir uns selbst machen. Bin ich die Summe meiner Handlungen und Erfahrungen, die von meinem Gehirn gesteuert werden, oder bin ich die Instanz, die das Gehirn zu steuern vermag.

Natürlich ist jeder von uns vielschichtig und viele Dinge passieren unterbewusst. So auch unsere Glaubenssätze. Viele dieser Glaubenssätze haben wir durch Prägung von außen gelernt oder uns aus Bequemlichkeit angewöhnt. In diesem Kapitel lernst du, wie du mit diesen Glaubenssätzen dein Leben gestalten und ein bisschen mehr Kontrolle übernehmen kannst.

Gerade im Umgang mit Kindern dürfen wir alle vorsichtig sein mit Sätzen wie »Du bist schlecht in ...« oder »Das kannst du nicht«. Insbesondere bei Kindern, die noch einen großen Teil ihrer Umweltwahrnehmung auf das Urteil der Eltern und Verwandten stützen, dürfen wir optimistisch, leicht fordernd und mit Zutrauen sprechen. Wie bei unserer Wahrnehmung ist eine ausgewogene Sicht besonders wichtig. Wer kann heute beurteilen, welches Grundschulkind sich später zum Physiknobelpreis aufschwingt?

Sie dürfen nicht alles glauben, was Sie denken.

[Heinz Erhardt, 1909–1979,
deutscher Komiker, Musiker, Komponist]

Gelernte Glaubenssätze

Die gelernten Glaubenssätze helfen uns, nicht immer die gleiche Grenze im Umgang mit unserer Umwelt zu überschreiten und erleichtern uns das Überleben. »Ich kann nicht weiter als zwei Meter springen«, »Der Zusammenprall mit einem Auto ist gefährlich« und »Ich bin langsamer als der Hund, der mich beißen will« sind wichtige Erkenntnisse, die wir zum Überleben brauchen. Diese sind hilfreich und basieren auf eigenen Erfahrungen. Idealerweise treffen wir die Entscheidungen des Alltags auf der Grundlage dieser Glaubenssätze und das sichert uns unsere Gesundheit. Sie formen unsere Realität und wir selbst haben erfolgreiche und mehr oder weniger schmerzhafte Eindrücke gesammelt, um jeden dieser Glaubenssätze zu formen. Wir müssen nicht jeden Tag kontrollieren, ob sie immer noch Gültigkeit besitzen, sondern gehen davon aus, dass sie wie Naturgesetze weiterhin gelten. Dadurch sparen wir Energie und Zeit und können unser Leben innerhalb dieser Realität gestalten.

Diese Glaubenssätze sind wichtig und können durch eigenes Erleben und Ausprobieren geändert werden. Sich diese Form der Glaubenssätze vor Augen zu führen und bewusst zu machen, kann unglaubliche Energie und Motivation entfesseln. Es motiviert uns Menschen, frühere Grenzen zu sprengen und Dinge zu tun, die vorher unmöglich erschienen.

Faule Glaubenssätze

Eine komplett andere Kategorie sind die faulen Glaubenssätze. Denken ist für den Körper enorm anstrengend und energieaufwendig. Es ist für unser Leben in der Frühzeit von Vorteil gewesen, Mechanismen zu finden, um Energie zu sparen. So brauchten wir seltener Nahrung und konnten unsere Aktivitäten auf Dinge konzentrieren, die uns und unserer Familie ein weiteres Überleben sicherten. In der heutigen Zeit haben wir eher zu viel Nahrung und das Überleben der meisten von uns ist gesichert. Dennoch verfügen wir über einige Programme in unserem Gehirn, die wir einfach als richtig annehmen und damit ein kleines bisschen auf Autopilot fliegen. Das heißt, wir haben uns selbst Glaubenssätze gebaut, die heute nicht mehr infrage gestellt werden, nach denen wir unser Leben steuern. Selten zu unserem Vorteil. Diese Glaubenssätze wurden durch Lehrer, Partner, Freunde et cetera geprägt oder begünstigt und wir selbst haben sie akzeptiert. So haben die Menschen aus der Vergangenheit heute noch mehr oder weniger direkten Einfluss auf unsere heutigen Handlungen. Wir selbst haben diese Glaubenssätze akzeptiert und versäumt, sie infrage zu stellen.

»Ich bin zu dick für mehr als zehntausend Schritte am Tag!«
»Nach dem Essen brauche ich Süßes!«
»Für XYZ bin ich zu alt!«
»Morgen habe ich einen Arzttermin. Das wird sicher schmerzhaft!«
»Die Mathearbeit wird sicher schwer!«
»Der Termin morgen mit der Firma MusterBau wird sicher anstrengend!«

Es mag Ausnahmen geben, bei denen tatsächlich ein medizinischer Grund vorliegt, warum zehntausend Schritte unmöglich sind. Für die meisten Gedanken dieser Art, die wir uns selbst immer wieder erzählen, fehlt jede realistische Grundlage. Wir wissen nicht, was die Zukunft für uns bereithält. Es könnte mit einer gewissen Wahrscheinlichkeit schön und großartig werden. Mit einer ähnlichen Wahrscheinlichkeit könnte es negative Aspekte in unser Leben bringen. Um sich vor einer Enttäuschung zu schützen, gehen wir vom Schlimmsten aus. Leider schützt das keineswegs, sondern färbt unsere Wahrnehmung im Vorfeld negativ ein. Statt diese vielleicht vorhandene Angst zu nutzen, geben wir uns dem alten Glaubenssatz unreflektiert hin und lähmen uns selbst.

Wenn wir Angst davor haben, uns beim Sport zu blamieren, erfinden wir in der Schnelle eine Verletzung oder nutzen unser Alter als Vorwand. So müssen wir uns selbst nicht eingestehen, dass wir wenig geübt oder trainiert haben und deshalb unsere Leistung nicht unseren eigenen Erwartungen entspricht.

Wenn wir davon überzeugt sind, dass die Mathearbeit schwer wird, schaffen wir uns selbst eine Ausrede, um vor uns selbst das schlechte Ergebnis, das wir erwarten, zu rechtfertigen. Statt uns vorzubereiten und aktiv zu lernen, erzählen wir uns selbst diese Ausrede.

Der Termin mit der Firma MusterBau wird nur deshalb schwer, weil wir uns selbst eine Herausforderung schaffen wollen, auf die wir stolz sein wollen. Wären wir gut vorbereitet, müsste der Termin nicht schwer werden.

So schützen wir uns scheinbar vor der Enttäuschung oder der Blamage. Tatsächlich nehmen wir uns die Chance, eine tolle neue Erfahrung zu machen, die uns positive Eindrücke in unser Leben bringen kann. An manchen Stellen, die meist mit Sport zu tun haben, würde man Glaubenssätze wohl mit dem inneren Schweinehund gleichsetzen, doch Glaubenssätze sind viel umfassender. Glaubenssätze gibt es in jedem Kontext unseres Lebens und sie haben nicht selten großen Einfluss auf unsere Lebensgestaltung.

Wenn du bis hierhin gelesen hast, ist klar, was jetzt passiert. Du kannst diese Glaubenssätze nutzen, um damit deine Zukunft aktiv und positiv zu gestalten. Du bist nicht dein Leben lang das Opfer dieser alten Gedanken, sondern du selbst bist im Pilotensitz und kannst immer wieder entscheiden, den Autopilot zu deaktivieren.

Das Problem an diesen Glaubenssätzen ist, dass wir sie durch Wiederholung bestärken. Je öfter du zu dir selbst sagst, dass du nicht tanzen kannst, umso mehr Energie wendest du auf, um diese These, an die du früher geglaubt haben könntest, zu verteidigen. Du willst schließlich recht behalten. Dein Gehirn belügt sich in gewisser Weise selbst. Es erfordert Disziplin und Achtsamkeit, vom Autopiloten in den Modus bewusster Wahrnehmung umzuschalten. Je häufiger du das tust, umso leichter und einfacher wird es gelingen.

Höre dir selbst zu!

Der erste Schritt für den positiven Umgang mit Glaubenssätzen ist, sich der Glaubenssätze gewahr zu werden. Hör dir selbst zu!

»Das Meeting morgen mit Kunde Mustermann AG wird sicher ein stressiger Termin!«
»Das Wetter ist zu schlecht für Sport!«
»Die Schokolade habe ich mir jetzt verdient!«

In dem Moment, in dem dir diese Sätze im inneren Dialog bewusst werden, hast du den ersten riesigen Schritt getan. Du musst nicht direkt etwas damit tun, akzeptiere einfach, dass diese Sätze vorhanden sind, und mach dir bewusst, in welchen Situationen sie auftauchen.

Ab jetzt kannst du diese Glaubenssätze nutzen, umformen und damit deine Zukunft positiv und wirksam gestalten.

Frage nach der positiven Absicht!

Wir alle haben diese Glaubenssätze in unserer Vergangenheit aus einem guten Grund gelernt. Diese Regeln waren mal sinnvoll und richtig. Unser Gehirn will uns mit diesen einfachen Vorgaben vor Negativem bewahren.
Wenn du das nächste Mal einen Glaubenssatz in deinem inneren Dialog bemerkst, kannst du gerne die Frage stellen: »Welche positive Absicht steht hinter diesem Glaubenssatz?«
»Das Wetter ist zu schlecht für Sport!« – Dein Gehirn will uns vor Krankheit und Verletzung beschützen.
»Die Schokolade habe ich mir jetzt verdient!« – Dein Gehirn möchte deine Leistung und deinen Erfolg feiern. Ich bin sicher, du findest gesunde Wege, deine Leistung wertzuschätzen, die dir noch mehr Freude machen als Schokolade.

Nimm das Positive aus dem Glaubenssatz und finde andere Wege, diese Wirkung zu erzeugen.

Werde aktiv!

Wenn uns etwas im Vorfeld ein schlechtes Gefühl erzeugt, sollten wir uns fragen, was genau uns Unsicherheit gibt und wie wir uns aktiv auf dieses unsichere Gebiet vorbereiten könnten. Wenn die Mathearbeit uns ein schlechtes Gefühl macht, weil wir bei der Trigonometrie unsicher sind, dann ist genau das ein guter Startpunkt für weitere Vorbereitung. Wir können die Dinge, die uns Angst machen, intensiver vorbereiten und damit das Gefühl der Angst reduzieren.

Wenn du zu Hause auf dem Sofa bleibst und dir selbst schwere Gedanken zur bevorstehenden Mathearbeit machst, werden sich deine Lage und deine Stimmung nicht verbessern. Neben der Vorbereitung bringt eine aktive Haltung die Chance mit sich, dass positive Dinge passieren. Vielleicht triffst du auf dem Weg zur Nachhilfe nette Menschen. Die Welt ist voller positiver Dinge, probiere es aus.

Ab jetzt helfen uns diese ehemals negativen Glaubenssätze, denn sie sorgen dafür, dass wir unserem eigenen Anspruch immer näher kommen. Wir können uns selbst in den Bereichen weiterbilden und verbessern, in denen wir Angst empfinden.

Kläre deinen Anspruch (an dich selbst!)

Wann immer du einen inneren Dialog mit einem negativen Glaubenssatz findest, kannst du dir selbst Klarheit darüber schaffen, was dein eigener Anspruch ist.

Ich darf in meinem professionellen Leben ab und an Vorträge halten, bei denen es meist um Positivität, agile Methoden oder die Arbeit mit Menschen geht. Als ich einen kurzen Redebeitrag bei der Abitur-Feier meines Sohnes halten sollte, kam direkt ein negativer Glaubenssatz hoch. »Ich bin nicht gut genug vorbereitet!« Trotz meiner Notizen und meiner Vorbereitung wollte mich dieser Glaubenssatz davor schützen, mich zu blamieren und mein öffentliches Bild zu schädigen. Als ich mich gefragt hatte, was mein Anspruch an diesen Redebeitrag war, wurde mir schnell klar: »It's not about me!« Diesen Redebeitrag wollte ich einzig und allein für meinen Sohn und dessen Schulkameraden halten, ich musste keinen professionellen Anspruch erfüllen. Es wurde ein unterhaltsamer, nachdenklicher und kurzer Impuls, viele Zuhörer hatten positives Feedback dafür.

Du musst an deinem ersten Abend in der Tanzschule keinen professionellen Anspruch an dich selbst haben.
Du musst nicht in der ersten Diätwoche fünfzehn Kilogramm abnehmen.
Die Geburtstagsfeier deines Kindes soll dem Kind Spaß machen, nicht dich als Super-Elternteil präsentieren.

Niemand profitiert von einem zu hohen Anspruch. Unternimm kleine Schritte. Mach den ersten Schritt und ab jetzt kannst du deinen bisherigen negativen Dialog mit ersten Zwischenerfolgen aufhellen.

Überrasch dich selbst!

Ein sicherer Weg, wie du deine Glaubenssätze aushebeln kannst, ist, dich selbst zu überraschen. Wenn deine innere Stimme etwas wie »Das kann ich nicht, das habe ich noch nie getan!« sagt, dann geh den mutigen Schritt. Mach etwas Verrücktes. Probier es einfach aus. Wenn du es noch nie probiert hast, kannst du gar nicht wissen, ob du es kannst. Dich selbst zu überraschen, macht dir einen Riesenspaß!

Jetzt kommt ein kleiner Nebeneffekt: Weil du es zum ersten Mal machst, kannst du deinen Anspruch an dich selbst so klein wie möglich halten. Solltest du etwas zigmal auf die bekannte Art und Weise gemacht haben, bist du sicher in der Lage, einen Weg zu finden, es auf andere Art zu machen. Überrasch dich und andere! Damit hast du alle bestehenden Glaubenssätze zur bisherigen Art und Weise ausgehebelt und kannst dich voller Freude und Mut in das Ausprobieren stürzen. Viel Spaß!

Eigentlich und Vielleicht sind deine Feinde!

Eine weitere Kleinigkeit sei an dieser Stelle angemerkt:
»Ich könnte mal ...«
»Eigentlich müsste ich ...«
»Würde ich gerne mal machen, aber ...«

Was wie ernsthafte Argumentation klingt, sind in Wahrheit: beschränkende Glaubenssätze. Durch die Formulierung mit Konjunktiv (Möglichkeitsform) lassen wir uns eine Möglichkeit zum Ausweichen, zum Passivbleiben, ja zum Abwarten.

»Do or do not. There is no try!« (Master Yoda, Star Wars)

Wie Master Yoda klar abgrenzt, geht es darum, Dinge mit Inbrunst, Risiko und vollem Investment zu tun. Um zu spüren, ob uns eine neue Sportart Spaß macht, müssen wir mit vollem emotionalem Einsatz an der Sportart teilhaben. Wenn wir nur halbherzig und auf Sicherheit bedacht teilnehmen, verbauen wir uns selbst die Erkenntnis, ob es uns wirklich Freude schenken kann. Erfolg ist nur dann möglich, wenn wir uns wirklich investieren.

An dieser Stelle kann es helfen, sich zu fragen, wovor uns das eigentlich schützen will, um dann aktive Schritte der Vorbereitung zu tun.

Streiche Ironie und Sarkasmus aus deiner Redeweise

Eine der schlimmsten Stimmen im inneren Dialog ist die ironische. Wir sagen Dinge, die wir nicht meinen, und übertreiben dabei so enorm, dass es scheinbar nicht ernst gemeint sein kann.

»Wenn man so fett ist wie ich, kann man keinen Sport machen!«

Das Problem dabei ist, unser Gehirn hört immer zu und es wird diese Informationen erst mal als Wahrheit akzeptieren. Irgendwann glauben wir die Übertreibung und planen unsere Realität danach. Ein schleichender unterbewusster Prozess, der schädlich werden kann.

Wir wollen mit Ironie und Sarkasmus meist lustig und provokativ sein. Oder unsere Unsicherheit im Umgang mit anderen kaschieren. Tatsächlich würde uns ein offener und ehrlicher Umgang mit uns selbst und anderen an genau diesen Stellen sehr guttun.

Nutze Affirmationen

Die nützliche Variante von Ironie und Sarkasmus wird leider viel zu selten benutzt. Es scheint in unserer Erziehungsumgebung verpönt, aktiv gut über und mit sich zu sprechen. Der Effekt ist genau der gleiche. Unser Gehirn hört aufmerksam zu, was wir uns selbst sagen, und das Unterbewusstsein benutzt diese Wahrheiten, um die Zukunft zu gestalten.

»Ich kann Gewicht verlieren!«
»Ich bin ein interessanter Mensch!«
»Ich bin gut!«
»Andere haben Interesse an mir!«
»Ich habe ABC geschafft; ich schaffe sicher auch XYZ!«

Je häufiger wir derartige Sätze für uns selbst wiederholen, umso wirksamer nehmen sie Einfluss auf unsere positive Zukunft. Ein paar Tipps, wann und wo diese Affirmationen leicht in dein Leben integriert werden können, gibt es im Methodenteil zu Affirmationen.

Was ist so schlimm daran, sich nicht zu entscheiden?

Wir haben jetzt einige Situationen durchgespielt, in denen viele Menschen mit Passivität reagieren. Dass es Menschen gibt, die in scheinbar ausweglosen Zwickmühlen steckend immer aktiv sind und immer wieder nach Auswegen suchen, wissen wir alle. Warum gewinnt manchmal das Sofa über unseren Trainingsplan, die Chipstüte über unseren Ernährungsplan und der unwichtige, alte Konflikt über unsere Beziehung zum Arbeitskollegen? Wir finden viele Ausreden, um nicht trainieren zu müssen, nicht den Hörer für ein klärendes Gespräch in die Hand nehmen zu müssen oder gesunde Nahrungsmittel auf dem Markt zu kaufen. Hier schleicht sich immer mal wieder eine gefährliche Haltung ein.

Die Opferhaltung

Wenn ich den Fehler immer bei anderen Menschen, immer im System oder im Außen suche, ohne dabei selbst etwas zu tun, zwingen wir uns selbst in eine wirklich schädliche Passivität. Die Opferhaltung. Menschen in der Opferhaltung weisen jede Verantwortung für die eigene Situation von sich, die anderen sind schuld, sie sehen keine Möglichkeit, selbst etwas beizutragen, schließlich ist die Situation ja so schlimm. Vor allem, und das wissen die wenigsten, stehen sie nicht mehr emotional in Kontakt zu ihrem Leben. Sie akzeptieren die distanzierte Opferhaltung, anstatt sich emotional wieder zu involvieren und die eigene Zukunft zu gestalten. Denn die involvierte und damit assoziierte Haltung zu den eigenen Gefühlen macht nicht immer Spaß. Es fühlt sich nicht gut an, wenn das Sofa über die Laufschuhe gewinnt, das schlechte Gewissen erinnert sich an die Chipstüte und natürlich ist es einfacher, zu ignorieren, dass man etwas hätte tun können.

Da wir durch die neuen Medien und das Internet immer alle Informationen zur Verfügung haben, ist es wahrscheinlich, dass wir ein Thema entdecken, über das wir meckern, motzen, uns beschweren können. Das Motzen und Meckern fühlt sich nach einer gewissen Zeit so an, als hätten wir alles in unserer Macht Stehende getan. Eine typische Formulierung in diesem Kontext lautet: »Ich habe das von Anfang an gesagt!«

Wenn ich bei meinen Coaching-Klienten eine solche Opferhaltung entdecke, steige ich mit einer bestimmten Frage in das Thema ein: »Was könntest du tun, um das Problem einer Lösung näherzubringen?« Und ich erhalte immer eine neue Version der gleichen Antwort: »Nichts, ich habe schon alles getan!«

Das ist der Moment, in dem ich auf ein Post-it zeige, welches an meiner Wand hängt und deutlich signalisiert: »Achtung, du scheinst gerade eine Opferhaltung zu zeigen!« Dieses Post-it ist spontan im Gespräch mit einem Klienten entstanden und hilft mir seitdem immer wieder.

Übernimm die Verantwortung

Diese Menschen verweigern sich selbst jede Chance auf eine Veränderung, indem sie immer davon ausgehen, alles bereits getan zu haben oder ohnehin nichts mehr an der Situation ändern zu können. Die Verantwortung für diese Situation liegt wie immer bei anderen. An dieser Stelle möchte ich auf ein kleines Wortspiel hinweisen, welches ich von Bodo Schäfer kenne. Ver-Antwort-ung ist die Fähigkeit, auf neue Anforderungen und Rahmenbedingungen Antwort geben zu können (vgl. Schäfer 2018). Im Englischen entspricht dem die Kombination aus »response« und »ability« – »responsibility«. Menschen in der Opferhaltung haben die Verantwortung und damit Fähigkeit zu antworten, abgegeben. Genau hier setzt mein Coaching-Ansatz an.

Ab jetzt zielen meine Fragen darauf, den Coaching-Klienten selbst zu aktivieren:

- Welche neue Perspektive hast du noch nicht eingenommen?
- Wen könntest du um Hilfe bitten?
- Mit welchen neuen Argumenten könntest du das Thema erneut ansprechen?
- Auf welche Signale könntest du achten, die dir zeigen, dass sich vielleicht doch eine Kleinigkeit in die richtige Richtung geändert hat?

Ich will meinen Coaching-Klienten wieder in eine aktive Haltung bringen. Denn eine aktive Haltung zusammen mit einer Bewusstheit für die ehemals eingenommene Opferhaltung sorgt meist für schnelle und gute Ergebnisse. Selten ist die Situation so chancenlos wie angenommen.

Eine meiner Klientinnen schrieb: »Von allen Haltungen habe ich bei mir am wenigstens damit gerechnet: Opferhaltung. Wer? Ich? Nein, ich doch nicht, ich kämpfe doch jeden Tag! Dann habe ich mir immer wieder in verschiedenen Situationen diese Frage gestellt: ›Bin ich jetzt wieder in dieser Haltung?‹ Insofern begleitet mich diese Frage bis heute. Ich habe mir deine Postkarte und das Opfer-Sticky von dir vor den Monitor geklebt. Jedes Mal, wenn ich das sehe, rufe ich wieder ab: wie komme ich da raus?«

Schau nach vorne!

Wenn wir die Opferhaltung verlassen, beginnen wir, unsere Zukunft zu gestalten. Wie übernehmen Verantwortung und Kontrolle. Viele Menschen gehen beim Blick in die Zukunft vom schlechtmöglichsten Fall aus. »Dann können wir nicht enttäuscht werden«, so meist die Antwort, wenn man nachfragt, warum sie sich eine trübe Zukunft vorstellen. Jemand, der so denkt, hat die Opferhaltung für sich selbst perfektioniert und keinerlei Antrieb mehr, in diesem Bereich der Zukunft eine wesentliche Veränderung herbeizuführen. Denn dazu müsste er/sie in eine ungewisse Zukunft investieren, und das ist für diese Menschen dann deutlich zu viel verlangt. Machen wir uns kurz klar, wenn ich vom schlechtesten Ergebnis meiner Handlung ausgehe, wie niedrig muss dann mein Anspruch an mein Wirken sein? Natürlich besteht immer ein Risiko, dass auf mein Handeln schlechtes Feedback folgt. Doch wenn man gar nicht mehr handelt, liegt die Zukunft in anderer Menschen Hände.

Im Englischen gibt es ein Sprichwort: »Your future needs you, not your past!«, was so viel bedeutet wie: Deine Zukunft braucht dich, nicht deine Vergangenheit!

Wir können und sollten die Zukunft gestalten. Dazu helfen uns sicherlich einige Erkenntnisse aus der Vergangenheit. Schlechte Erfahrungen aus der Vergangenheit sollten uns niemals vom Gestalten der Zukunft abhalten. Sollten sie das tun, dann haben diese negativen Elemente einen wesentlichen Charakter verloren, den der hilfreichen und lehrreichen Erfahrungen. »Kein Lernerfolg ohne Misserfolg!« Niemand hat Laufen, Radfahren, Sprechen oder Schreiben gelernt, ohne dabei Fehler zu machen. Der Anspruch an eine hundertprozentige Perfektion in der Zukunft führt zur Lähmung. Schlimmer noch.

Wenn ich die Zukunft nicht mehr selbst gestalte, sinkt die Wahrscheinlichkeit, dass Mitmenschen, das Schicksal oder irgendwelche anderen externen Kräfte meine Zukunft nach meinen Wünschen gestalten. Wäre es nicht viel logischer, die eigene Zukunft in die Hand zu nehmen und aktiv zu gestalten? Dinge selbst auszuprobieren und dabei selbst zu lernen? Damit kann jeder Mensch für sich selbst Erfahrungen sammeln, Resilienz aufbauen und Selbstwirksamkeit spüren.

Ein aufmerksamer Spaziergang

Um dir zu zeigen, wie einfach du mit deiner Aufmerksamkeit und der darauffolgenden Entscheidung deine Realität formen kannst, möchte ich dir eine kurze Geschichte erzählen.

»Wir beide machen einen Spaziergang.
Ich trage gerne neue Schuhe, für die ich viel Geld ausgegeben habe. Natürlich möchte ich, dass die Schuhe möglichst lange so schön bleiben. Ich achte daher beim Spaziergang auf die drohenden Gefahren. Hundehaufen links, Hundehaufen rechts und da vorne ist der nächste.
Du legst keinen besonderen Wert auf deine Schuhe. Sie sind schön, ein kleiner Fleck würde dich nicht stören. Statt wie ich auf die Hundehaufen zu achten, beobachtest du die Schmetterlinge, dein Blick folgt den Vögeln in die Bäume und du freust dich an den wunderschönen Blumen am Rande unseres Weges.
Ich achte immerzu auf Hundehaufen und auf den Boden direkt vor mir. Vielleicht entgehen mir die Schönheiten, die unseren Wegesrand schmücken, meine Schuhe bleiben sauber!
Du musst am Ende des Spaziergangs möglicherweise (in Realität doch eher unwahrscheinlich) die Schuhe sauber machen. Während du über dem Waschbecken stehst und die Schuhe abbürstest, erzählst du voller Begeisterung von den Schmetterlingen, Vögeln und den Blumen.
Wer von uns hatte den schöneren Spaziergang?«

In dieser kurzen Geschichte hast du den Fokus auf die schönen Dinge gelenkt. Dadurch hast du dich für diese Realität geöffnet. Du entscheidest, deinen Fokus auf die Blumen und Tiere zu legen. Du kannst dich jederzeit und immer wieder aufs Neue dazu entscheiden, dich auf die schönen Dinge zu konzentrieren.

Um besonders deutlich zu machen, dass es nicht darum geht, die unschönen Dinge zu verdrängen oder zu ignorieren, habe ich die Hundehaufen in die Geschichte eingebaut. Ja, in unserem Leben passieren ab und an Dinge, die wir als unschön bewerten. Dinge, die wir verändern oder vermeiden können und wollen. Die wenigsten davon sind lebensbedrohlich. In den meisten Fällen sind sie schlimmstenfalls störend. Sollten wir unseren Fokus immer nur auf diese Probleme und Hundehaufen lenken, verlieren wir die Schönheiten aus dem Blick. Unsere Realität wird dann durch Probleme und Hundehaufen bestimmt.

Wie du bemerkst, kannst du leicht entscheiden, auf die schönen Dinge zu achten und diese zu genießen. Damit hast du Energie gesammelt, um Dinge zu ändern und Probleme aus dem Weg zu räumen. Diese Haltung kann ansteckend sein. Deine begeisterte Erzählung von Schmetterlingen und Blüten wird die Aufmerksamkeit deiner Mitmenschen beeinflussen.

Stellen wir uns kurz vor, du wärest während des Spaziergangs wegen eines schönen Schmetterlings am Wegesrand in einen Hundehaufen getreten. Schuhe dreckig. Mist. Jetzt wirst du unterbewusst eine Entscheidung treffen. Du kannst den Rest des Spaziergangs über Hunde, deren verantwortungslose Besitzer, die Welt im Allgemeinen oder den Spaziergang wettern. Oder du entscheidest dich aktiv, das Schuheputzen zu akzeptieren und den Rest des Spaziergangs in vollen Zügen zu genießen. Jeder dieser vielen Momente der Entscheidung unterliegt deiner Kontrolle. Immer wieder. In jedem Moment. Deine Aufmerksamkeit steuert dein Erlebnis. Deine Handlung dein Ergebnis.

Im alten Rom gab es die Formulierung »Memento mori« (lateinisch für »Sei dir der Sterblichkeit bewusst« oder »Gedenke des Todes«), um siegreiche Kriegsherren vor allzu viel Hochmut zu bewahren und sie auf den Boden der Tatsachen zurückzuholen. Dieser Satz wurde immer wieder von einem Sklaven, der hinter dem Kriegsherrn lief und den Lorbeerkranz trug, rezitiert. Mit diesem Spruch als Leitsatz kannst du für dich herausfinden, ob das Thema, über das du gerade bewusst entscheidest, wichtig genug ist, um Lebenszeit und Lebensenergie zu investieren. Ist es ein dreckiges Paar Schuhe wirklich wert, seine Lebenszeit damit zu verbringen, sich aufzuregen, die Hundehalter zu verteufeln und die Aufmerksamkeit weg von den schönen Dingen des Spaziergangs zu lenken?

Wenn du dir die Frage stellst, ob dieses Streitthema, das gerade vor dir liegt, in fünf Jahren noch von Bedeutung für dich sein wird, hast du bessere Anhaltspunkte, um dich bewusst zu entscheiden. Falls du zu dem Entschluss kommst, dass es in fünf Jahren noch relevant sein wird, dann würde ich mich immer auf eine positive Sicht zu diesem Thema konzentrieren. Du baust dir doch keine negative Zukunft.

Es ist deine Entscheidung – Zusammenfassung

Ich denke, in diesem Kapitel waren einige spannende Aspekte versteckt, die dir jetzt helfen, deine Entscheidungen auf einem vollständigeren Bild der Umwelt zu gründen. Das ist der ideale Startpunkt, um sich auf die Reise zu mehr Positivität zu machen! Genau wie wir keine Luftschlösser und Traumwelten betrachten, sondern die vollständige Realität, machen wir uns ebenfalls klar, dass es auf der Reise zur Positivität Rückschläge, anstrengende Phasen und Enttäuschungen geben wird.

Im nächsten Kapitel gehen wir den nächsten Schritt und wechseln vom passiven positiven Denken oder gar der lähmenden Opferhaltung zum aktiven positiven Danken.

3. Achte auf die Dinge, für die du dankbar sein möchtest

Jetzt kommt das wichtigste und kürzeste Kapitel. Du hast deine Umwelt so wahrgenommen, wie sie ist, und dich entschieden, Positivität und Dankbarkeit in dein Leben zu integrieren. Auf geht's. Let's do this. Achte auf Dinge in deinem direkten Umfeld, für die du dankbar bist. Deine Wahrnehmung ist entscheidend.

Immer wieder passieren Dinge im Leben. Warum bezeichnen wir das im Deutschen mit »passieren«? Genau wie wir beim Spaziergang eine Engstelle passieren, kommen Fehler, Störungen und negative Ereignisse in unserem Leben vor und ziehen an uns vorbei. Es ist deine Entscheidung, ob du in diesen Momenten bewusst mit der stattfindenden Bewertung umgehst. Um deutlich zu machen, wie Bewertungen passieren, möchte ich diesen Moment ein wenig aufschlüsseln.

1. Wir nehmen ein Ereignis wahr. Wir sehen, hören, spüren, riechen und schmecken Veränderungen in unserer Umgebung.
2. Wir bewerten die Situation unterbewusst, um zu bewerten, ob wir fliehen oder uns verteidigen sollten. Hierfür treffen wir in enorm kurzer Zeit viele Annahmen.
3. Wir handeln, um den gerade gefassten Entscheidungen zu folgen.

Das ist für viele Bedrohungen ein völlig valides Vorgehen. Nur hat sich in den letzten eintausend Jahren die Anzahl der direkt auf uns wirkenden Bedrohungen drastisch reduziert. Doch weil es ein evolutionärer Vorteil war, die Gefahren schneller zu erkennen als die schönen Dinge, haben viele Menschen auch heute eher schlechte Vorannahmen und Programme. Hier können wir aktiv werden.

1. Wir nehmen ein Ereignis wahr. Wir sehen, hören, spüren, riechen und schmecken Veränderungen in unserer Umgebung.
2. Wir bewerten die Situation unterbewusst, um zu bewerten, ob wir fliehen oder uns verteidigen sollten. Hierfür treffen wir in enorm kurzer Zeit viele Annahmen.
3. Du hältst kurz inne. Atmest.
4. In diesem Moment, den wir fürs Atmen brauchen, hat dein Gehirn genug Zeit, um die ersten Vorannahmen zu überprüfen.
5. Du stellst neue Vorannahmen auf und handelst entsprechend.

Der kurze Moment des Innehaltens durchbricht fast automatische Abläufe und wird als Achtsamkeit bezeichnet. Dieser Moment gibt dir die Chance, aktiv zu werden. Als Leser dieses Buchs wirst du viele Methoden kennenlernen, die dich dazu bringen, auf positive Aspekte in deinem Erleben zu achten und daraus leicht neue Handlungsoptionen abzuleiten. Dadurch hast du mehr und bessere Handlungsoptionen und wirst positiver wirken. Für dich und deine Umwelt.

Nehmen wir an, du fährst gerade mit deinem Fahrrad nach Hause. Plötzlich erleidet dein Vorderrad einen Plattfuß. Ärgerlich, doch es ist nichts Schlimmeres passiert. Natürlich ist jetzt deine weitere Tagesplanung erst mal dahin und das macht dich ärgerlich. Du hattest noch so viel vor, jetzt ist das alles nach hinten verschoben. Du kannst dich jetzt aufregen und ärgern. (Du ärgerst dich selbst, das ist rein sprachlich sinnlos!) Du kannst die Schuld verteilen: der Reifenhersteller, die Straßenmeisterei, die Jugendlichen, die immer Flaschen rumwerfen ... All diese Schuldzuweisungen ändern nichts an deiner Situation. Triff die Entscheidung und fokussiere dich auf die positiven Aspekte dieser Situation und sei dankbar. Dankbar, dass kein schlimmerer Unfall passiert ist und du gesund bist. Dankbar für die vielen Hilfsangebote der Menschen, denen du begegnest. Dankbar für die schönen Blumen am Wegesrand.

Die Entscheidung »Ich will mich jetzt bedanken« sorgt dafür, dass du achtsamer für positive Erlebnisse sein wirst. Tatsächlich führt dieser Wunsch, aktive Dankbarkeit schenken zu wollen, zu einer physiologischen Reaktion. Dein Wahrnehmungsfeld wird größer, was Barbara Fredrickson als »Broaden-and-Build-Effekt« beschreibt. »Positive Emotionen öffnen unsere Herzen und unseren Geist, sodass wir empfänglicher und kreativer werden.« (Fredrickson 2011: 47)

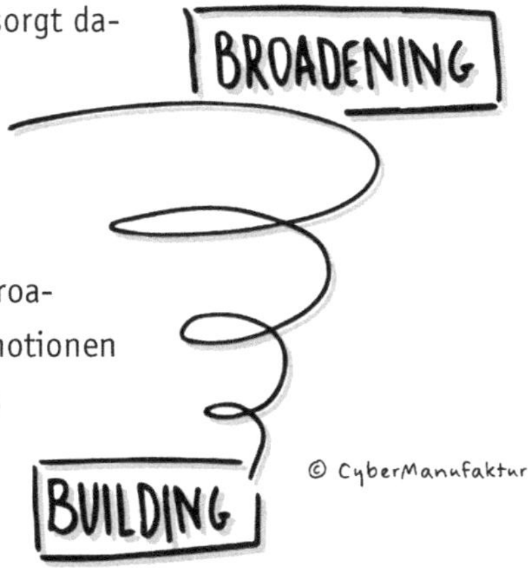

Dass dein Sichtfeld größer ist, sorgt für mehr positive Eindrücke, die dann wiederum dafür sorgen, dass du mehr Positives in deiner Umgebung wahrnehmen wirst. In der Folge baust du selbst ein positiveres Bild deiner Umgebung und wirst wiederum aufmerksamer für noch mehr Positives.

Würdest du lieber jemandem Hilfe anbieten, der laut fluchend neben seinem platten Fahrrad läuft? Oder eher dem Menschen dessen Fahrrad zwar platt ist, doch der selbst noch ein Lächeln auf den Lippen trägt? Es könnte sein, dass deine Entscheidung sogar die Hilfsbereitschaft um dich herum beeinflusst. Mit der kleinen Entscheidung, dich nicht zu ärgern, sondern die positiven Aspekte in den Fokus zu rücken, hilfst du deiner Situation.

Das Fahrrad wird durch Sich-Ärgern nicht wieder fahrbereit. Es wird dir sogar besser gehen, wenn du dich nicht ärgerst, denn du bleibst handlungsfähiger. Nicht weil ich von »Positiv wirkt«, die Gesellschaft oder die Erziehung das von dir fordern. Nein. Aus rein egoistischen Motiven ist die positive Perspektive besser – für dich.

Dadurch, dass du ein Verhalten in den Fokus rückst, deinem Dank Ausdruck verleihst, ändert sich die Stimmung. Bei der Person oder dem Objekt, bei der/dem du dich bedankst – und? Bei dir selbst. Das Konzept dahinter heißt Selbstwirksamkeit und wird später genauer erläutert. Für den Moment, jetzt, da du dich auf deine Wahrnehmung fokussierst – ärgere dich nicht, sondern suche die positiven Aspekte in der misslichen Lage. Aus rein egoistischen Gründen. Damit es dir besser geht. Du hast es schließlich schwer genug und musst dein Fahrrad schieben.

Am besten, du probierst das jetzt aus. Leg das Buch beiseite und lege deinen Fokus auf Dinge, für die du dankbar bist, die du positiv wahrnimmst. Du willst dich aktiv bedanken, doch wofür? (Bitte bedanke dich noch nicht, das würde das Experiment verfälschen und ein zu positives Ergebnis zutage fördern!

Wie bereits erwähnt, geht es hier nicht um die großen Dinge, sondern um die vielen Kleinigkeiten. Gesundheit, ein schöner Sonnenuntergang, nette Menschen, eine Arbeitsstelle und vieles mehr.

Vielleicht gestaltet jemand gerade das Blumenbeet neu, an dem du immer vorbeiläufst.
Jemand hält dir die Tür auf und begrüßt dich nett.
Deine Straßenbahn ist heute sicher am Ziel angekommen.
Dein Büro ist wie jeden Montag von Reinigungskräften gereinigt worden.

Schau dir deine Umgebung genau an und halte immer wieder kurz inne. Nimm bewusst wahr, ob und wem du dankbar dafür bist, dass dieses Objekt, dieser Mensch in deinem Umfeld ist. Welche Wirkung bringt dieses Objekt, dieser Mensch in dein Leben? Welche Wirkung hat die Handlung auf dich?

Jemand hält dir die Tür auf. Du fühlst dich respektiert und wertgeschätzt.
Die Straßenbahn ist sicher am Ziel angekommen. Das wirkt beruhigend und gibt dir ein sicheres Gefühl.
Dein Büro ist gereinigt worden. Das bringt Respekt und Wertschätzung oder vielleicht Erleichterung und Ordnung in dein Leben.

Diese Frage ist bei schönen Dingen leicht zu beantworten. Die Blumenverzierungen, die Parkanlage, die öffentlichen Verkehrsmittel – all das sind Dinge, bei denen offensichtlich klar wird, welche positive Wirkung sie auf dein Leben haben.

Ein wenig spezieller wird die Suche nach der positiven Wirkung bei Menschen und Interaktionen, wenn wir selbst anderer Meinung wären. Es braucht eine bewusste Wahrnehmung, um den echten Freund als solchen anzuerkennen, wenn er uns bei einer dummen Entscheidung warnt. Es ist nicht offensichtlich zu erkennen, dass jemand, der im Konflikt mit uns steht, tatsächlich eine positive Absicht im Schilde führt. Vielleicht braucht unsere abschließende Entscheidung zu einem Thema genau diese Reibung an unserem Freund, an dem Berater oder an dem Sachverständigen, damit wir nicht vorschnell in eine falsche Richtung entscheiden. In solchen Fällen braucht es etwas mehr Abstand, die positive Wirkung anzuerkennen. Positive Vorannahmen helfen, eine Situation positiv zu gestalten. Positive Nachfragen helfen, eine Situation im Nachhinein besser und umfassender zu beleuchten.

In allen Fällen gilt: Du nimmst mehr Positives in deinem Leben wahr. Dadurch wird dein Leben besser. Du siehst mehr positive Dinge und das gibt dir ein besseres Gefühl. Dein Fokus auf Dinge, für die du dankbar sein möchtest, sorgt für eine Verbesserung deiner Stimmung. Genieß es! Sei dir selbst dankbar!

Achte auf die Dinge, für die du dankbar sein willst – Zusammenfassung

Ab jetzt kannst du den Rest des Buches als Option begreifen. Lies weiter, wenn du genauer Bescheid wissen willst, denn das Wichtigste weißt du nun bereits:

1. Deine Umwelt besteht aus positiven und negativen Dingen. Du nimmst beides ausgewogen wahr und das ist gut so.
2. Es ist deine Entscheidung, eine ausgewogene Perspektive anzustreben.
3. Sobald du aktiv dankbar mit deiner Umwelt und deinen Mitmenschen umgehst, geht es dir selbst besser. Dazu musst du noch nicht mal danke sagen, nur Dinge zu finden, für die du dankbar bist, reicht bereits. Diese scheinbar winzigen Veränderungen werden nachhaltigen und wirksamen Effekt zeigen. Genieß die Veränderung.

4. Achte auf dich selbst!

Jetzt ist es an der Zeit, deine Aufmerksamkeit nach innen zu lenken. Wir gehen der Frage nach, warum es nicht hilfreich ist, immer Verbesserungen zu suchen, und finden den Grund für eine eher negative Sicht auf die Umgebung durch die meisten Menschen. Danach sehen wir, wieso kleine Schritte uns den Weg zum Ziel ebnen und dass unsere Umwelt aus einer Mischung aus Gut und Böse besteht. Dann betrachten wir, wobei uns negative Erfahrungen helfen. Durch diesen bewussten Blick nach innen schaffen wir die Grundlage, um uns aktiv an die Gestaltung unserer Umwelt zu machen.

Gut ist gut genug!

Du bist heute achtsam und findest viele Dinge, für die du dankbar bist. Leider entsteht im Hinterkopf ein kleiner, aber nagender Gedanke. »Geht das nicht noch besser?« Ich kenne einige Menschen, die sofort und ohne Pause nach besser streben. Ja, das ist evolutionär wichtig und gut. Gleichermaßen eine unendliche Last, weil diese Menschen nie ankommen und sich selten Verschnaufpausen gönnen. Wenn du einen solchen Moment erlebst, hilft dir deine Achtsamkeit. Du hältst kurz inne und fragst dich selbst, ob du den aktuellen Zustand genießen kannst. Wenn dem so ist – und ich glaube, das ist in vielen Fällen gegeben –, dann genieß kurz den Moment. Schau, was du erreicht hast, und sei dir selbst dankbar dafür. Genau das wird dir Energie für die Verbesserung schenken.

Ein Beispiel: Du pflanzt ein Blumenbeet.
Du bist ein fleißiger Gärtner und hast dir für den heutigen Tag vier Quadratmeter zum Bepflanzen vorgenommen. Das Aussuchen der Pflanzen in der Gärtnerei hat leider länger gedauert und du standest kurz im Stau. Nachdem du am Beet angekommen warst, hast du alles Unkraut entfernt, den Boden aufgelockert und den Dünger eingebracht. Die erste Reihe deiner Pflanzen ist eingepflanzt. Man kann erkennen, welches Muster du erreichen wolltest. Leider ist der Nachmittag schon vorbei und du wirst dich gleich um die Kinder kümmern.

Ich kenne Menschen, die sich jetzt selbst darüber aufregen, wie doof der Autobahnstau, das Personal in der Gärtnerei waren, ... und dabei den Blick nicht auf die schönen Pflanzen werfen. Möglicherweise denkst du gerade an deinen Nachbarn, der immer viel schneller und besser Beete anpflanzt? Oder du erinnerst dich an Tage, an denen du selbst schneller warst?

Nutze kurz deine Achtsamkeit, atme und stelle fest, dass du dein Bestes gegeben hast, um mit deinem Ziel bis hierhin zu kommen. Mehr hättest du nicht tun können. Du wirst dich dafür entscheiden, die neuen Pflanzen zu wässern, ein Foto zu machen und dir kurz vorzustellen, wie schön es aussehen wird, wenn es fertig ist. Dann bemerkst du, dass es jetzt schön aussieht.

Das Bessere ist der Feind des Guten.

[Voltaire, 1694–1778, französischer Philosoph und Schriftsteller]

»Das Bessere ist der Feind des Guten.« (Voltaire) Ich ergänze dieses Zitat um den kleinen Gedanken »Gut ist gut genug!«, sodass mein Mantra »Besser ist der Feind von gut. Gut ist gut genug!« lautet. Im Beispiel des Blumenbeets bedeutet das: Lass die Schönheit der Blumen und das Gefühl des Erreichten auf dich wirken. Der erste Schritt ist getan. Natürlich willst du das Blumenbeet fertig machen und keine unfertigen Dinge feiern. Dennoch darfst du den Teil feiern, den du erreicht hast, der fertig ist und der dich motivieren wird, dein schönes Beet fertig zu machen.

Das gilt vor allem für dich selbst. Du bist gut genug. Nimm dich als Teil deiner Umwelt wahr. Natürlich bist du ehrgeizig und willst besser werden. Doch das sollte dich nicht davon abhalten, deine Reise bis zum heutigen Tag wertzuschätzen. Du kannst nicht besser werden, wenn du nicht so gut bist, wie du es heute bist. Selbst die im Nachhinein negativ bewerteten Entscheidungen waren wichtige Lernstufen, ohne die du deinen heutigen Zustand nicht erreicht hättest. Nimm wahr, was du bereits alles erreicht, gelernt und getan hast. Sei dir selbst dankbar für die Vergangenheit. Es bringt nichts, an einer Wunschvergangenheit festzuhalten, wenn du ab jetzt deine Zukunft besser machen kannst. Du bist gut genug. Wenn du das möchtest, kannst du dich noch weiterentwickeln. Das ist eine bewusste Entscheidung. Eine Haltung. Achtsam für das Gute zu sein.

Ich möchte an dieser Stelle in aller Deutlichkeit hinzufügen, dass die Achtsamkeit für das Gute nicht blind für Fehler, Mangel oder Probleme machen darf. Das ist gutes Verbesserungspotenzial für die Zukunft. Doch kenne ich einige Menschen, die durch Fehler, Mangel oder Probleme blind für Gutes, Schönes und Teilerfolge werden. Du kannst selbst entscheiden, zu welcher Gruppe du gehörst. Jedes Kind macht automatisch kleinere Schritte, wenn die zu laufende Strecke steil wird. Wenn wir klettern, werden unsere Schritte kleiner. Warum nicht jeden der Teilschritte genießen?

Quantität vor Qualität

Eine der zentralen Fragen der Psychologie ist, warum es so viel Unzufriedenheit und Unmut in den Menschen gibt. Barbara Fredrickson hat in ihren Studien ein Verhältnis von drei zu eins bis fünf zu eins entdeckt (vgl. Fredrickson 2011: 47).

Das bedeutet, dass es drei bis fünf positive Eindrücke braucht, um einen negativen Eindruck auszugleichen. Damit ein Tag ausgeglichen für uns erscheint, brauchen wir deutlich mehr positive als negative Wahrnehmungen. Dabei spielt die Größe der Eindrücke kaum eine Rolle. Es ist unerheblich, woher diese positiven Eindrücke kommen. Es macht keinen Unterschied, ob wir ein Kompliment schenken oder ob wir eines erhalten.

So können wir selbst dafür sorgen, dass wir zum einen offen für die schönen Dinge in unserer Umgebung sind, und zum anderen können wir selbst schöne Dinge in unsere Umgebung bringen. Wenn ein Tag mal nicht so gut startet, kannst du einfach positiv wirken und die schönen Dinge deiner Umgebung für dich und andere in den Mittelpunkt rücken. Es reicht aus, sich die guten Dinge vor Augen zu führen. Die Methode »Dreimal täglich Zähne putzen« tut genau dieses.

Positivität oder die Bilanz über den Tag hinweg ist kein Dauerzustand, sondern bedeutet immer wieder viele kleine bewusste Entscheidungen. Ein Dauerzustand würde uns langweilen, unaufmerksam werden lassen und Gewohnheit entstehen lassen. Wir brauchen den Kontrast, um Positives wahrzunehmen. Das Gute an Positivität ist, dass sie uns immer wieder mit etwas Neuem begeistern wird. Dafür dürfen wir aufmerksam sein.

Jetzt dürfen wir uns einen wunderschönen Umstand vor Augen führen. Wenn der Weg, der vor uns liegt, schwerer, steiler, anstrengender oder gefährlicher wird, machen wir automatisch kleinere Schritte. Je beschwerlicher der kleine Schritt, umso leichter sollte es uns fallen, ihn gebührend zu feiern.
Kleine Schritte sind nicht nur sicherer oder helfen uns, auf Störungen schneller zu reagieren, sie können uns helfen, häufiger innezuhalten und den erreichten Fortschritt positiv wahrzunehmen.

Ich hatte kürzlich die große Freude, mit meiner Frau eine alpine Wanderung zu machen. An bestimmten Stellen musste ich immer wieder nach fünf winzigen Schrittchen eine Pause einlegen. Ich habe mich bewusst dafür entschieden, mich immer wieder umzudrehen und das Panorama, die neue Position und den zurückgelegten Weg wahrzunehmen. Ich war in einigen Momenten an den Grenzen meiner körperlichen Leistungsfähigkeit (manchmal sogar darüber) und trotz der immensen Anstrengung hat es mir enorm viel Spaß bereitet, die Wanderung abzuschließen. Ja, ich hatte mir große Blasen an meinen Zehen gelaufen, die bei jedem Schritt schmerzten. Weil der Weg so anstrengend war, wollte ich ab zwölf Uhr nur noch ankommen. Durch die Vielzahl an bewussten kurzen Pausen und das Innehalten zum Genießen des Panoramas war die Bilanz des Tages dennoch positiv. Ich würde sofort ein weiteres Mal loslaufen.

Wo könntest du kleine Schritte wahrnehmen ...
... bei der Arbeit im Büro.
... bei der gemeinsamen Zeit mit deinen Lieben.
... bei der Geldanlage.
... bei Arbeiten jeder Art in deinem Haushalt.
... beim Sport.

Es geht nicht darum, immer auf Profiniveau unterwegs zu sein. Es reicht der kleine Fortschritt. Dieser Text ist ein Teil eines Buchs, das aus circa dreihundertfünfzigtausend Zeichen bestehen wird. Anfangs war diese riesige Zahl ein mindestens genauso riesiges Problem. Ich tat mich schwer, mit dem Schreiben zu beginnen. Um diese große Herausforderung in kleine Schritte zu zerlegen, habe ich eine gewisse Zeit täglich geschrieben, um zu ermitteln, welche Zeichenmenge ich pro Tag in mein ganz normales Leben integrieren kann. Ab jetzt waren es viele kleine Pakete von sechstausendfünfhundert Zeichen, die am Ende Gedanken zu Kapiteln und Kapitel zu einem Buch formten. Ich habe jeden Tag, an dem ich mein Ziel erreicht habe, gefeiert und in meinem Journal vermerkt. Tage, an denen ich meine Ziele übererfüllt habe, wurden besonders vermerkt und gaben mir noch mehr Sicherheit beim Erreichen der Zeichenzahl. Dieses Buch ist ein gutes Beispiel für ein Konzept, das viele Namen kennt.

Chunking, Baby Steps, Schritt für Schritt, oder wie meine Oma zu sagen pflegte: »Kleinvieh macht auch Mist!«.

Durch stetige, anfangs winzig und wirkungslos erscheinende positive Aspekte entsteht immer mehr Resilienz, immer mehr Tage haben eine positive Bilanz, immer mehr positive Wahrnehmungen prägen das Gesamtbild und am Ende fügt sich das Bild des Erfolgs und des erreichten Ziels zusammen.

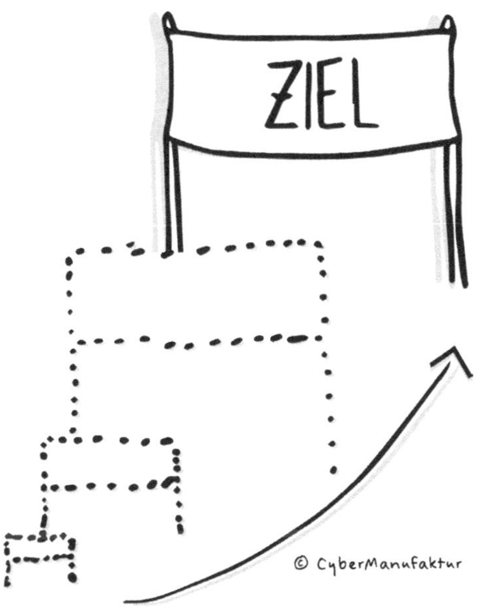

Kleine Schritte führen zum Ziel

Entscheide selbst, ob du eines der positiven Experimente aus diesem Buch oder eine Veränderung in deinen Gewohnheiten umsetzen möchtest. Finde viele kleine Schritte, mach den ersten, schreibe den kleinen Erfolg auf und genieße die Vorfreude auf den nächsten kleinen Schritt. Du wirst die Resilienz, die dadurch entsteht, an Tagen brauchen, bei denen Überraschungen dein Ziel unerreichbar erscheinen lassen. Vielleicht ist ein Tag ohne Fortschritt ja nur ein Tag, an dem du einen Rückschritt verhindert hast.

Hier wird eines klar sichtbar. Es geht selten darum, große Schritte in Richtung des Ziels zu machen. In den allermeisten Fällen sind kleine Schritte, mit größerer Stabilität, deutlich Erfolg versprechender.

Schwarz oder weiß beziehungsweise gut oder schlecht?

In der heutigen Medienwelt wird oft ein Bild von Gut und Böse gezeichnet. Viele Menschen wollen komplexe Dinge in einfache Schubladen wie gut und böse, reich und arm und so weiter stecken. Leider oder eigentlich Gott sei Dank passt das nicht in die Welt.

Unsere Umwelt und somit wir selbst sind immer in Bewegung. Wir sind einige Tage in bester Laune und an anderen Tagen sind wir schlecht gelaunt, obwohl wir Grund hätten, glücklich zu sein. Nicht selten gibt es Menschen mit bester Laune, die schwer krank sind, und Menschen bester Gesundheit, die schlecht gelaunt sind.

Es gibt die Pole Negativität und Positivität. Die extremen Situationen währen nur kurz und der vollständige Bereich zwischen diesen Polen ist in Bewegung, in konstanter Veränderung. Du bist Teil eines Systems, das du nicht kontrollieren kannst. Du musst dich verändern, genau wie sich das System um dich herum verändert.

Die beiden Polaritäten Positivität und Negativität lassen sich wunderbar mit dem alten Yin-und-Yang-Bild aus der chinesischen Mythologie beschreiben. Sie stehen für schwarz und weiß, männlich und weiblich, Chaos und Ordnung und viele andere Gegensatzpaare. Der kleine weiße Punkt im Schwarzen und der schwarze Punkt im Weißen sollen verdeutlichen, dass die jeweils andere Eigenschaft immer ein Teil der einen Seite ist. Schwarz enthält ein klein wenig Weiß, und umgekehrt. Im Taoismus wird gelehrt, dass man in der Balance zwischen Yin und Yang das Ideal erreicht hat. Diese Balance soll die geschwungene Linie zwischen Schwarz und Weiß verbildlichen.

Es wird aus dem klassischen Bild von Gut und Böse, das in einige Religionen verwendet wird, plötzlich ein Bild mit drei Komponenten gezeichnet: Nicht mehr nur Schwarz oder Weiß, sondern Schwarz und Weiß, die in Verbindung stehen, und es gibt eine Beziehung, die als Veränderung auftritt. Jetzt kann die aktive, positive Wirkung als Veränderung von schwarz nach weiß wahrgenommen werden.

Für die Richtung der selbst wahrgenommenen Verbesserung nennen wir das Selbstwirksamkeit, Helfersyndrom, Nächstenliebe, Pflege und Positivität. Für die Richtung der selbst wahrgenommenen Verschlechterung nennen wir das Mitleid, Mitgefühl, Sadismus, Folter, Qual.

Die Spiegelneuronen in unserem Gehirn versetzen uns in die Lage, den Übergang von einem Zustand in den anderen zu spüren. Jetzt ist es unsere Entscheidung, festzulegen, welche Richtung diese Veränderung anstreben soll.

Wir können in beide Richtungen auf unsere Mitmenschen Einfluss nehmen. Weil wir negative Dinge und Schmerz erlebt haben, konnten wir Foltermaschinen erfinden. Weil wir nach dem Schmerz Heilung, Geborgenheit und Liebe erfahren haben, können wir Menschen helfen. Der stetige Wechsel zwischen Gut und Böse, die Veränderung, wird zu einem eigenen Pol. Das genau ist die geschwungene Linie im Yin und Yang. Die Balancelinie zwischen zwei scheinbaren Polaritäten. Durch unsere aktive Handlung können wir die Veränderung herbeiführen und dank unserer Spiegelneuronen können wir das bewusst wahrnehmen. Somit wird die Veränderung von etwas Negativem durch einen Balancezustand hindurch hin zu etwas Positivem zu einer Art Reise.

Genau wie die Heldenreisen von Odysseus, Frodo oder Ironman eine Person beschreiben, die lernt, sich anpasst und am Ende der Reise eine bessere Situation erreicht hat. So können wir immer wieder aus etwas Negativem durch den Balancezustand hindurch zu etwas Positivem gelangen. Es ist unsere Entscheidung, diese Reise aktiv zu gestalten. In den meisten Heldengeschichten lernt und wirkt die Heldenfigur dadurch, dass sie anderen Menschen hilft, sie unterstützt. Wir selbst können unsere Heldenreise dadurch anreichern, dass wir unsere Mitmenschen unterstützen. Das wird sich gut für uns Helden anfühlen. Dadurch wird die Veränderung, die wir durchlaufen, wahrnehmbar.

Ich bin schlecht drauf! Was jetzt?

Ich bin schlecht drauf, ich hatte Pech die letzten Tage und alles ist doof. Ja, solche Tage gibt es.

Auch im Leben von Menschen, die sich mit Positivität auskennen und diese aktiv nutzen. Neutral und emotionslos gesprochen, ist ein schlechter Tag ein Tag, an dem wir zu wenige positive Erlebnisse und Wahrnehmungen hatten. Letztendlich drehen sich an einem schlechten Tag unsere Wahrnehmung, unser innerer Dialog und unsere Zukunftserwartung um die negativen Aspekte des Lebens und wir schaffen es nicht, diese Abwärtsspirale zu durchbrechen. Je mehr negative Eindrücke wir sammeln, umso schwerer fallen uns die Stufen, die an diesem Tag vor uns liegen. Die Stufen scheinen immer höher zu werden.

Je mehr positive Eindrücke wir sammeln, desto leichter nehmen wir die kommenden Herausforderungen wahr.

Es gibt beide Spiralen in jedem Leben und sie sind völlig okay. Negativität ist ein wichtiger Teil unseres Lebens. Ohne sie wäre alles Positive sinnlos: (siehe »Negatives hilft uns beim Überleben«). Du entscheidest, wann und wie du deinen Fokus änderst.

Achte auf dich selbst! – Zusammenfassung

Jetzt sind wir fertig mit dem vierten Schritt der Schnellstart-Anleitung.

Deine Umwelt besteht aus positiven und negativen Dingen. Du nimmst beides ausgewogen wahr und das ist gut so. Als nächsten Schritt hast du dich entschieden, dankbar zu sein, was deine Stimmung und Wahrnehmung bereits aufhellt. Zusätzlich ist dir klar, weswegen es gut ist, dass wir den negativen

Eindrücken mehr Wert zuordnen, von denen die größere Gefahr ausgeht. Selbst wenn die Medien und die Gesellschaft Perfektion zu fordern scheinen, kannst du deine Realität vollumfänglich wahrnehmen.

Es gibt Rückschläge und negative Erfahrungen. Die dürfen ab und an mal ein bis zwei Tage definieren. Dann findest du selbst wieder den Weg, dich selbst mit positiven Kleinigkeiten zu konfrontieren. Natürlich wird es Tage geben, an denen du selbst aus dem Staunen nicht mehr rauskommst. Erfolge, gute Rückmeldungen, freundliche Begegnungen, die du wahrnehmen und für dich genießen darfst.

Aus diesem Gemisch entsteht kein permanenter Abwärtsstrudel, sondern Demut, Bescheidenheit, Zufriedenheit und aktiver Handlungswille. Was für eine gute Basis, um jetzt aktiv zu werden. Los geht's!

5. Geh raus!

Um aus dem Tal der Negativität zu entkommen, gilt es, die eigenen Erlebnisse durch einen positiven Fokus auf die positiven Dinge auszurichten. Du kannst zum Beispiel einen Spaziergang mit einem bestimmten Fokus machen, um dir selbst aus deiner allzu negativen Lage zu helfen (siehe »Ein aufmerksamer Spaziergang«, Seite 62 ff.).

Sportliche, leicht anstrengende körperliche Aktivität schüttet Glückshormone aus und wird einen wichtigen Beitrag zur Verbesserung deiner Stimmung leisten. Es geht hier nicht um Marathonstrecken, Weltrekordzeiten oder Entbehrung. Es reicht, wenn du für dreißig Minuten so schnell spazieren gehst, dass du leicht ins Schwitzen kommst. Mehr braucht es nicht, damit dein Körper deinem Geist gute Laune schickt.

Natürlich kannst du andere Dinge tun, von denen du weißt, dass sie dir Freude bereiten:

- Spaziergang mit Freunden,
- Musikhören,
- Meditieren,
- und so weiter.

Gesunde Menschen sollten immer wissen, dass sie selbst alles in der Hand haben, um den eigenen Alltag positiver zu gestalten. Nicht frei von Negativem. Sondern resilienter im Umgang mit negativen Eindrücken. Wirksame Positivität ist kein Dauerzustand mit rosa Schmetterlingen um dich herum. Positivität ist die Fähigkeit, selbst Verantwortung und Aktivität für die eigene Stimmung zu übernehmen.

Dieses Buch enthält viele Tipps, wie du in deinem Leben positiv wirken kannst. Nimm einen der Gedanken und probiere es einfach aus.

So tun als ob!

Wie später im Kapitel »Die Qualität der Frage bestimmt die Qualität der Antwort« ab Seite 85 beschrieben, kommt es in vielen Lebenssituationen darauf an, wie wir zu den Dingen stehen, die wir im Leben machen.

Speziell im Umgang mit Veränderungen und Neuerungen für dich selbst habe ich einen kleinen Tipp: »Fake it till you make it!«

Direkt würde man das mit »Täusche es so lange vor, bist du es bist!« übersetzen. Wenn du sportlicher werden möchtest, schau dir eine sportliche Person an und beobachte, was sie tut. Beim Essen, morgens nach dem Aufstehen, abends vor dem Schlafengehen. Immer dann, wenn du eine Entscheidung treffen darfst, hilft dir diese Perspektive, deine eigene Entscheidung an deinem Zielbild auszurichten:

- Heute steht Training auf dem Plan. Du tust, als wärst du sportlich. Du trainierst, unabhängig davon, was dir das Sofa zuruft.
- Du tust so, als würdest du dich gesund ernähren. Du entscheidest dich zwischen Schokolade und Wasser für das erfrischende, gesunde Wasser.

Dank dieser Methode holst du dir kleine Elemente des gewünschten Lebenswandels in deinen Alltag. Du entscheidest dich, dreißig Tage lang so zu tun, als würdest du gesund und angemessen trainieren, und bist am Ende sportlicher als beim Start. Du entscheidest dich, dreißig Tage lang so zu tun, als würdest du dich gesünder ernähren, und bist am Ende gesünder als beim Start. Nach Ablauf dieser dreißig Tage kannst du sagen »I made it!«, und da das ja dann kleine Gewohnheiten sind, gerne »I make it!«

Mit diesem kleinen Helferlein kannst du große Veränderungen in kleine Gewohnheiten zerlegen und dich an deinem Zielbild (sportlich, belesen, gesund ernährt et cetera) ausrichten. Du startest direkt mit den aktiven Handlungen, die dir am wichtigsten sind. Damit hast du direkt einen funktionierenden Rückmeldungskanal und wirst die ersten Erfolge feiern.

Hier will ich sehr klar sein: Noch hast du mit niemandem über deine Veränderung gesprochen. Noch hat niemand außer dir überhaupt etwas von der Veränderung in dir mitbekommen. Vielleicht fällt jemandem auf, dass du dich weniger ärgerst oder seltener schlechte Laune hast. Bis hierhin kann das alles in dir stattfinden. Nebenbei angemerkt: Wenn du dir dein Zielbild in deinem Journal visualisierst und die wichtigsten Eigenschaften deines Zielbilds notierst, kannst du immer wieder ins Journal schauen und deine Veränderung dadurch begleiten.

»Fake it until you make it!« hilft dir, leicht und zielorientiert der Mensch zu werden, der du sein möchtest.

Die Qualität der Frage bestimmt die Qualität der Antwort

Wir wollen neue Sportarten, Hobbys oder soziale Aktivitäten ausprobieren, um unser Erleben zu bereichern und uns mit neuen Menschen zu verbinden. Dazu darfst du aktiv sein. Wann immer du etwas Neues ausprobieren möchtest, versuch es mal mit »Jedem Anfang wohnt ein Zauber inne!« (Aus »Stufen« von Hermann Hesse).

Ja, aber wie fange ich mit etwas Neuem an? Das ist Teil des Zaubers, den Hesse anspricht! Egal ob es eine neue Sportart, ein Hobby, ein Instrument oder der Kontakt zu neuen Menschen in deinem Umfeld ist. Es schwingt immer ein Maß an Unsicherheit mit. Zu häufig interpretieren wir diese Unsicherheit negativ.

Es gibt Menschen, die Fragen stellen wie:

- »Was, wenn da nicht alle nett sind?«
- »Aber die können das bestimmt alle, wie soll ich da mitspielen?«
- »Was, wenn mir das keinen Spaß macht?«

Diese Art der Fragestellung ist wichtig und will uns vor negativen Erfahrungen schützen. Letztlich schützen wir uns vor Gefahren und das ist gut. Es kann hilfreich sein, diese Art von Fragen bewusst zu notieren und einmalig zu beantworten:

- »Was, wenn da nicht alle nett sind?« – »Ich kann den Verein im Nachbarort ausprobieren, jetzt fange ich mal in der Stadt ABC an.«
- »Aber die können das bestimmt alle, wie soll ich da mitspielen?« – »Ich werde einen zusätzlichen Sporttag unter der Woche einplanen, dann werde ich schnell besser!«
- »Was, wenn mir das keinen Spaß macht?« – »Dann kann ich immer noch eine andere Sportart probieren, jetzt möchte ich diese hier für zwei Monate wirklich praktizieren!«

Die Fragen, mit den passenden Antworten, schützen uns vor allzu negativen Erfahrungen und bringen uns ins Handeln. Es wäre schlimm, diese Fragen unbeantwortet zu lassen und sie im Kopf immer wieder durchzugehen. Dadurch würden sie die Handlungsbereitschaft reduzieren und vielleicht dafür sorgen, dass wir das Experiment überhaupt nicht starten.

Durch leichte Anpassungen der Fragestellung kann die aktive Haltung nach dem Beantworten begünstigt werden:
»Welche Optionen habe ich, wenn nicht alle dort nett sind?«
»Wie kann ich dafür sorgen, dass ich sportlich Anschluss finde?«

Ein schönes Beispiel für so eine Fragetechnik kommt aus Robert Kiyosakis Buch »Rich dad, poor dad« (Kiyosaki 2014). Während der arme Vater immer wieder »Das können wir uns nicht leisten« sagt, stellt der reiche Vater immer die Frage »Wie könnten wir uns das leisten?«, was Handlungsräume schafft und die Verantwortung klar bei der eigenen Person belässt.

Um das noch deutlicher zu machen: Eine Person ohne Fokus auf Positivität, in der Opferrolle, die die Verantwortung abgegeben hat, könnte immer wieder Fragen stellen, die ungefähr so klingen:

»Ach, warum sind die anderen sportlicher?«
»Ach, wieso kann ich mir das nicht leisten?«
»Warum habe ich meine Arbeit nicht abgeschlossen?«

Selbst wenn eine Antwort auf diese Fragen gefunden würde, würde sie nicht für Aktivität und Motivation sorgen. Meist würde man Schuld und Verantwortung außerhalb der eigenen Person verorten, um nicht selbst schuldig zu sein.

Die gleichen Fragestellungen mit einer positiven und gestaltenden Vorannahme lauten:
»Was werde ich heute tun, um ein kleines bisschen sportlicher zu werden?«
»Was kann ich tun, damit ich mir das bald leisten kann?«
»Wie schaffe ich heute einen Rahmen, damit die Aufgabe fertig wird?«

Diese Art zu fragen garantiert nicht, dass die Ziele direkt und immer erreicht werden. Doch es stiftet einen klaren Fokus, auf diese Art zu fragen, und belässt die Verantwortung für die Aktivität bei uns selbst.

Dir fällt es leicht, Fragen zu finden, deren Antworten möglichst konstruktiv und motivierend sind, und dich dennoch auf die Auseinandersetzung mit der Thematik zu fokussieren. Derlei Fragen sorgen für bewusste und dauernde Weiterentwicklung. Du wirst besser. Du steuerst die Verbesserung. Die Verbesserung liegt in deiner Verantwortung.

Sei bereit, dich und andere zu überraschen. Neue Fragen führen zu neuen Ideen. Dank der neuen Ausrichtung wirst du viel Spaß haben!

Geh raus! – Zusammenfassung

Du kannst jetzt mehrere Versionen von »Geh raus« für dich umsetzen.

Geh raus. Verlass dein Sofa und die Wohnung und laufe draußen umher. Nur so kannst du schöne Dinge finden. Ja, es könnten negative Dinge passieren. Wenn du weiter mit dem Kopf unter der Bettdecke oder auf deinem Sofa verharrst, ist die Wahrscheinlichkeit, neue, positive Dinge zu finden, bei null. Draußen können spannende, positive Dinge passieren.

Geh raus, um deine neu gewonnene Wahrnehmung und Aufmerksamkeit zu nutzen und deine Gier auf Neues zu befriedigen. Ich frage mich, welche Farbe du der ersten Kleinigkeit zuordnen wirst, wenn du durch deine Aufmerksamkeit etwas von der stillen, grauen Masse in die leise, bunte Masse holst.

Geh raus. Verlass den gewohnten Pfad und versuche neue Wege zu gehen. Vielleicht gibt es einzelne kleine Themen, bei denen du in einer Opferhaltung warst. Denke darüber nach, welche winzigen ersten Schritte du unternehmen könntest, um hier ins Handeln zu kommen. Sammle viele dieser Handlungsoptionen, notiere sie irgendwo und mach dir klar, an wie vielen Stellen du wirksam zur Verbesserung beitragen könntest. (Bitte tu noch nichts, das würde das Experiment verfälschen!)

Du fühlst dich nicht mehr ohnmächtig, weil alles um dich herum vorbestimmt ist und du nichts tun kannst. Du bist handlungsfähig und sogar die Entscheidung, etwas zu tun, liegt bei dir. Was für ein wunderbares Gefühl. Du bist niemandem verpflichtet. Du musst nichts tun.

Geh raus und bewege dich! Egal, ob du einfach nur spazieren gehst, stramm die Wut in deinem Bauch abwanderst oder sonst irgendwie körperliche Aktivität ausübst. Das ist gesund und wird sich nach kurzer Zeit gut für dich anfühlen.

6. Sprich darüber

Jetzt beginnen wir mit dem Teil des Buchs, der von außen spürbar beziehungsweise hörbar sein wird. In den allermeisten Fällen interagieren wir Menschen durch unsere Sprache. Mit Mitmenschen und uns selbst. Völlig klar, dass eine positivere Sprache zu einer positiveren Kommunikation führen wird.

In den Kapiteln »Beschränkende Glaubenssätze« (Seite 47 f.) und »Die Opferhaltung« (Seite 58 ff.) haben wir besprochen, wie uns unsere Sprache helfen und leider auch schaden kann. Vielleicht übernimmst du schon Verantwortung und gehst den nächsten Schritt. Jetzt könntest du darauf achten, wie du mit dir selbst und deinen Mitmenschen sprichst.

Wer fragt, führt

In diesem Kapitel möchte ich beschreiben, wie und warum wir mit Positivität eine wirkungsvolle Veränderung schaffen können. Nicht nur für uns, sondern durch unsere Vorbildrolle und unsere Fragen auch für unsere Mitmenschen.

Warum solltest du in Führung gehen? Weil du für dich entschieden hast, positive Aspekte zu fokussieren; damit gehst du selbst aktiv voran. Letztlich bist du damit direkt in (Selbst-)Führung.

Das Zitat, welches ich am häufigsten verwende und welches mir definitiv als Richtschnur für meine eigenen Entscheidungen dient, ist von Götz W. Werner, dem Gründer von dm-Drogeriemarkt.

»Wer fragt, führt!« ist aus seinem Buch »Womit ich nie gerechnet habe!« und beschreibt eine einfache Mechanik in der menschlichen Kommunikation. Eine einfache Frage kann die Aufmerksamkeit der Zuhörenden in eine Richtung lenken, ohne dass ich selbst bestimmen muss, wie die Zuhörenden eine Entscheidung treffen. Ich kann als Fragender respektvoll die Aufmerksamkeit auf

Wer fragt, führt!

[Götz W. Werner, 1944-2022,
Gründer von dm-Drogeriemarkt]

positive Aspekte lenken, ohne dabei übergriffig zu sein oder für meine Zuhörenden zu denken.

Wenn das Kundenteam gerade darüber nachdenkt, das Produkt in einem weiteren europäischen Land zu vertreiben, und die Probleme sammelt, kann ich mit einer einzigen Frage: »Nach dem Lösen der Probleme haben wir welche Chancen?«, den Fokus verschieben. Damit kann ich neue Perspektiven schaffen, ohne die Themen der Zuhörenden an den Rand zu drängen.

Hier genau kommt die Macht von »Positiv wirkt« ins Spiel. Es geht in einer Diskussionssituation nicht darum, immer tief in der Materie zu stecken, es braucht keine besondere Expertise. Es braucht die Entscheidung, die Haltung, immer wieder die positiven Aspekte in den Fokus zu holen. Wenn die Zuhörenden noch länger in ihrer Problemperspektive verweilen wollen, kann ich das respektieren und meine Frage später wiederholen. Es genügt eine einzige Frage, ein einzelner Punkt auf der Agenda, eine einzige Anmerkung, und das gesamte Gremium sieht das komplette Bild. Wie gesagt, es geht nicht darum, nur das Positive zu sehen, sondern eine balancierte, vollständige Sicht auf die gesamte Situation hilft in den meisten Fällen, die besten Entscheidungen zu treffen. »Positiv wirkt« bedeutet somit, genau an diese Frage zu denken, dieser Frage nicht müde zu werden und festzustellen, wenn das betrachtete Bild nicht ausgewogen ist.

Immer wieder verwenden wir einfach Phrasen, ohne darüber nachzudenken. Das spart uns Energie und macht uns sozial bindungsfähiger. Deine Entscheidung, Positivität auszuprobieren, kann auch hier kleine Auswirkungen haben. Statt »Wie geht's dir?« kannst du gerne »Wie gut geht's dir?« fragen. Das macht in den meisten Fällen kaum einen Unterschied, nicht selten wird es überhört. Und ich selbst habe immer wieder Begegnungen, die dann in eine unerwartete Richtung starten.

»Wie gut geht's dir?«
»Wow. Danke der Nachfrage, tatsächlich bin ich gerade erfolgreich unterwegs und ich kann fast nirgendwo darüber sprechen!«

Es wird fast erwartet, sich zu beschweren, zu jammern oder zu klagen. Da fällt es leicht, zuzustimmen, und schwupp verliert die Kommunikation an Energie. Durch die Frage »Wie gut geht's dir?« bekommt das Positive eine Chance, angesprochen zu werden. Diese Frage wurde mir das erste Mal von meiner Kollegin Sonja Deutschmann gestellt und gehört seitdem zu meinem festen Repertoire.

Stell dir folgende Situation vor: Jemand ruft: »Achtung, das Gebäude stürzt ein – alle raus aus dem Haus!« Wie zugänglich bist du jetzt noch für positive Informationen? Gar nicht? Das ist gut so. Weil es dein Überleben schützt. Im inneren wie im äußeren Dialog wird das Positive nur gehört, wenn es VOR dem Negativen gesprochen wurde, sonst dominiert das Negative, weil wir unterbewusst eine Gefahr damit verbinden. Begrüßungsfragen wie »Wie gut geht es dir?« helfen dir, die Gesprächssituation für Positives zu öffnen.

Ich habe bei einem Seminar an einem Experiment teilgenommen. Wir durften vierundzwanzig Stunden nicht motzen, jammern, meckern. Wir haben versucht, uns immer wieder auf positive Dinge auszurichten. Das Ergebnis? Probier es aus. Ich für meinen Teil hatte einen wunderbaren Abend, voller Wertschätzung, Dankbarkeit und Positivität. Selbst wenn eine S-Bahn ausfällt oder die Bedienung eine Bestellung falsch notiert. Es ist deine eigene Entscheidung, der S-Bahn oder dem falsch servierten Kaffee die Bedeutung beizumessen, dass die Stimmung beeinflusst wird. Du kannst dich entscheiden, diesen Dingen nicht mehr Wert und Wirkung zuzusprechen, als sie eigentlich haben sollten. Du konzentrierst dich auf die schönen Dinge und die tollen Menschen um dich herum. Welche Rolle spielt dann die Ankunftszeit oder das Getränk?

Probier es aus! Fang mit einer Stunde an und erweitere deine Spielwiese. Achte darauf, wie du mit dir im inneren Dialog sprichst. Das kannst du ohne Risiko üben und es macht einen Riesenspaß!

Ein toller Einstieg, gerade in den inneren Dialog, ist die Frage: »Wie gut geht's dir?«

Sprache hilft

In vielen Bereichen unseres Lebens interagieren wir durch Sprache mit unserer Umwelt und uns selbst. Wenn wir denken, führen wir einen inneren Dialog, sind genau genommen mit uns selbst über Sprache im Austausch.

»Aber« oder »und«?

Unsere Stimmung und Haltung zu einer besonderen Situation spiegelt sich direkt in unserer Sprache wider.

Kleines Beispiel:
Klaus: »Karin, lass uns morgen nach Paris fahren!«
Karin: »Aber da regnet es!«

Karin ist offensichtlich kurz angebunden und bringt sofort Probleme und Einwände, angeführt durch das Aber, ins Spiel. Durch das kleine Wort »aber« ist die Energie dieser Einladung zerstört und niemand kann Klaus verdenken, wenn er keine Lust mehr auf den Kurztrip zum Eiffelturm hat. Mit nur einem kleinen Wort, das du austauschen kannst, ändert sich die komplette Energie dieser Kommunikation.

Klaus: »Karin, lass uns morgen nach Paris fahren!«
Karin: »Und wir dürfen die Regenschirme nicht vergessen, da soll es regnen!« oder »Und in welches Museum gehen wir, wenn es regnet?« oder »Und wir fahren nächstes Wochenende, da soll das Wetter besser sein!«

In diesem Beispiel ist Karin im Lösungsraum, sie akzeptiert das vielleicht schlechte Wetter, lässt sich davon nicht aufhalten. Für das angenommene Problem wird eine direkte Lösung geliefert und man kann die Vorfreude auf die Reise spüren. Es geht in diesem Beispiel nicht darum, das schlechte Wetter oder etwaige Probleme zu ignorieren. Dieses kleine Wörtchen »aber« bringt eine Menge Kontextinformationen mit sich, die wir in der Gesprächssituation unterbewusst wahrnehmen.

Du kannst morgen früh entscheiden, für den morgigen Tag darauf zu achten, wie oft du »aber« benutzt. Wann immer du »aber« verwenden möchtest, kannst du kurz innehalten, eine Lösungsidee finden und diese mit einem »und« in dein Gespräch einfließen lassen. Du wirst schnell merken, dass nicht nur deine Haltung und Stimmung, sondern die Stimmung und Haltung aller Beteiligten sich zum Guten ändern wird.

Das funktioniert natürlich auch im inneren Dialog. Wann immer du dir selbst mit »aber« eine Option schlechtredest, kannst du eine bessere Option finden und sie dann mit »und« verknüpfen. Aus »Ich müsste heute trainieren, aber ich fühle mich nicht gut!« wird ein »Ich müsste heute trainieren und um mich zu schonen, mache ich nur einen langen Spaziergang!«.

Das sind sprachlich keine großen Unterschiede, doch die Haltung hinter dem Thema ist eine andere. »Aber« vernichtet Optionen und Energie, während »und« immer nach Lösungen sucht oder weitere Optionen schafft. Dadurch bleibst du in der aktiven Haltung und gestaltest eine für dich passende Lösung. Leider führt das Aber in die Passivität.

API – Assume Positive Intent

Ein ähnlicher Aspekt, der in einem anderen Kontext wichtig ist, ist der Umgang mit Vorannahmen. Die Idee hinter »API – Assume Positive Intent« (englisch für »Nimm eine positive Absicht an«) ist folgende: Wenn wir Menschen begegnen, entscheiden die ersten Millisekunden über den weiteren Verlauf des Austauschs. Wenn ich davon ausgehe, dass mein Gegenüber mir Böses will, starte ich die Kommunikation mit einer Abwehrhaltung und mein Gehirn sucht nach Bestätigung für diese These, dass mein Gegenüber mir Böses will. Wenn ich annehme, dass mein Gegenüber mir gut gesinnt ist, öffne ich mich, lächle und werde automatisch freundlicher wirken. Das wird den Gesprächsverlauf direkt positiv beeinflussen. Deine Annahme beeinflusst die Reaktion deiner Kommunikationspartner, ohne dass sie dieses bewusst wahrnehmen.

Probier es aus! Stell dir vor einem Gespräch in der Straßenbahn, mit der Polizei et cetera immer vor, dass dein Gegenüber eine positive Absicht verfolgt, dir helfen möchte und so weiter. Solltest du in der Vergangenheit in seltenen Fällen schlechte Erfahrungen gemacht haben, sollte deine erste Annahme dennoch sein, eine positive Zukunft gestalten zu wollen. Die Vergangenheit ist vorbei und die Zukunft braucht dich. Kleinigkeiten wie eine freundliche Geste oder Frage zu Beginn des Gesprächs kosten nichts und sind enorm wirksam. Jetzt bist du bereit für den nächsten Schritt.

Selbst wenn jemand laut motzt, schimpft oder meckert, wirst du den Fokus auf seine positive Absicht halten. Was versucht diese Person zu beschützen, zu bewahren, welche positive Intention ist in diesem Gemotze spürbar? Durch deine Fragen nach der anfangs vielleicht versteckten positiven Absicht wirst du dieser Person beim Formulieren dieser positiven Absicht helfen und sie in handlungsfähige Ziele verwandeln. Ab jetzt hast du aus einem scheinbar ansteckend negativen, lauten und motzenden Menschen einen Menschen gemacht, der ein positives Ziel verfolgt und daran arbeitet, dieses Ziel zu erreichen. Was für ein toller Erfolg.

Es mag Fälle geben, bei denen es nicht leicht erscheint, den negativ wirkenden Redefluss zu unterbrechen, umso lohnender ist in den meisten Fällen das Ergebnis. Das Paradoxe an Meckerei, Gemotze und Genörgel ist, dass diese Menschen niemanden haben, der ihnen zuhört. Wenn du dich zum Sprachkanal für diese Personen machst und diese Personen dann in die Handlung führst, sind diese Menschen normalerweise dankbar. Auch hier wirkt »positiv«! Deine Fragen, deine Offenheit und deine bewusste Ausrichtung auf das Positive sorgen für Entspannung, stellen Handlungsfähigkeit her und am Ende profitieren alle Beteiligten von dieser Situation.

Warum? Oder Wozu?

Ich kenne einige Menschen, die immer mal wieder mit dem inneren Schweinehund hadern und zum Beispiel vor dem Sport in einen negativen inneren Dialog eintauchen.

»Warum soll ich heute Sport machen?«

Jetzt kann das Gehirn völlig frei Antworten finden, die der eigentlichen Absicht nicht immer zuträglich sind.

»Weil es so im Plan steht!«
»Weil meine Frau es so möchte!«
»Weil alle Sport machen!«

An dieser Stelle hilft ein kleiner aufmerksamer Umgang mit der Fragestellung. Vergiss das Wort »warum?« und ersetze es wann immer möglich mit »wozu?«. Damit bekommen Frage und Antwort eine Ausrichtung auf ein Ziel hin.

»Wozu sollte ich heute Sport machen?« – »Um gesünder zu werden!«
»Um mich abzureagieren!« – »Um nächste Woche gut durch den Wettbewerb zu kommen!«

Plötzlich steht die Antwort, insbesondere im inneren Dialog, im Kontext des übergreifenden Ziels. Das funktioniert auch in anderen Lebensbereichen.

»Warum gehe ich heute arbeiten?« ist deutlich weniger motivierend als »Wozu gehe ich heute arbeiten?«. Hier kannst du dir vor deinem geistigen Auge Urlaubsfotos, ein neues Auto oder was auch immer dein Ziel ist präsent halten.

Ab jetzt bist du aufmerksam für die kleinen Aber- und Warum-Fallen, die du dir vielleicht bislang gestellt hattest. Schreib ein paar Fragen und Situationen, in denen dir das aufgefallen ist, in dein Journal. In einigen Wochen wirst du lächeln, wenn du diese Einträge wieder liest. Du wirst dich schnell an genau diese einfachen und kleinen Veränderungen gewöhnen, die jedoch eine große Auswirkung haben. Genieß den spürbaren Unterschied.

Positiv in der Grammatik

In der modernen Medienwelt muss alles schneller, höher und weiter sein, um unsere Aufmerksamkeit zu erlangen. Tatsächlich gibt es kaum noch Momente, in denen man mit dem einfachen Normal auskommt.

Wenn du eine Aussage triffst, legst du dich fest. Der Wortursprung von »positiv« liegt im lateinischen »ponere« (sich festlegen). Um eine Aussage zu tätigen, muss ich mich festlegen. Diese Aussage ist ohne Vergleich oder Steigerung wertvoll.

Ich bin stolz. (Positiv)
Ich bin stolzer als Klaus. (Komparativ)
Ich bin am stolzesten. (Superlativ)

Schnell wird klar, dass »positiv« als Grundform völlig ausreicht. Du bist stolz!

Besonders auffällig bei diesem Beispiel ist, dass »stolz« ausreicht und in der Steigerung nicht viel Sinn ergibt. Du wirst schnell bemerken, dass sich das für dich persönlich problemlos auf anderes übertragen lässt. Deine Wahrnehmung zählt. Schön, entspannt, luxuriös, schnell, weit, reich ..., egal, was du als positiv für dich erkennst, es muss keinem weiteren Vergleich mit irgendeinem Ideal oder einer Steigerung standhalten.

Genau wie im Kapitel »Gut ist gut genug« (Seite 70 ff.) beschrieben, müssen wir nicht vergleichen oder bemessen, ob wir noch glücklicher, froher, schöner oder reicher sein könnten. An den Tagen, an denen du bemerkst, dass du glücklich, froh, schön oder reich bist, bist du es. Einfach so. Du selbst hast in diesem Moment festgelegt, dass diese Eigenschaft gerade für dich zutreffend ist. Damit ist das positiv. Du legst das fest. Und das wirkt. Ein wunderbarer Moment, um innezuhalten, diese Erkenntnis und die Auswirkung zu genießen.

Genau jetzt darfst du einen Vergleich bewusst ausblenden. Bleib in deinem Positiv. Kein Komparativ und kein Superlativ ist notwendig.

Ein kleines Beispiel: Du stehst morgens auf und findest den Ausblick aus deinem Schlafzimmerfenster schön. Damit legst du diesen Blick als schön fest. Das ist dein Positiv. Du hast im Urlaub einen noch besseren Blick und freust dich darüber. Du freust dich über den noch schöneren Ausblick und das ist gut. Dein Ausblick zu Hause ist nicht schlechter geworden. Der ist immer noch schön.

Dein persönliches Positiv bewusst als gut wahrzunehmen, verschönert dir den Tag. Außerdem schützt es vor unnützen Vergleichen, schadhaftem Neid und Konkurrenzdenken.

Wie gehst du in Zukunft mit Konkurrenzdenken, Vergleichen und Unzufriedenheit um? Ich kenne einige Menschen, die immer nach mehr, größer und schneller streben. Das Leben scheint im Bereich des Komparativs und des Superlativs stattzufinden.

Kürzlich saß ich während meines Urlaubs beim Abendessen. Mein Freund stellte die Frage: »Armin, dieser Kaffee ist gut. Wie können wir ihn besser machen?« Jeder Moment, jedes Erlebnis wird sofort auf die Möglichkeit untersucht, es besser zu machen. Meine konkrete Antwort kann ich nicht mehr in Erinnerung rufen, doch will ich mich vor solchen aus meiner Sicht völlig unnötigen Vergleichen schützen. Deshalb nehme ich den guten (positiven) Moment bewusst wahr und bin damit zufrieden und zeige das auch.

»Der Kaffee ist gut. Das reicht mir, ich genieße den Moment!«

Damit lehnst du den Vergleich ab und machst deutlich, dass dieser Moment für dich positiv wahrgenommen wird. Du wirst immer wieder merken, dass die offene Kommunikation der Tatsache, dass du gerade zufrieden, glücklich und positiv gestimmt bist, dazu führt, dass dein Gegenüber den Moment ebenfalls bewusster wahrnimmt. Das schützt dich und dein Umfeld vor passiver Unzufriedenheit, Nörgelei und Undankbarkeit.

Wenn du selbst aktiv werden willst, um die Situation besser zu machen, möchte ich dich nicht zurückhalten. Es gibt viele Momente in unserem Leben, in denen du aktiv eine bessere Zukunft gestalten kannst. Sobald du aktiv wirst, bist du im Handeln, bleibst ehrgeizig und dann motiviert dich eine Möglichkeit zur Verbesserung. Genau diese aktive Haltung ist die Grundlage für Resilienz und Selbstwirksamkeit. Du kannst viele Dinge im Leben verbessern, ohne dabei zu vergessen, dass sie vorher wertvoll und gut für dich waren. Die Dinge, die wirklich wichtig sind, können ohnehin nicht verglichen und gekauft werden. Die wirken im Positiv (ohne Vergleich) und persönlich. Wann immer du dich bewusst an sie erinnerst oder daran arbeitest, sie zu erreichen.

Finde Dinge in deinem Umfeld, die dir zeigen, wie schön dein Leben ist! Mach dir klar, wie viele wunderschöne Kleinigkeiten selbstverständlich in deinem Leben sind.

Eine kleine Beispielgeschichte zur Sprache

Stell dir vor, du unternimmst eine Wanderung. Natürlich denkst du zuerst an das Wetter, es könnte regnen. Danach packst du Blasenpflaster ein, denn deine Schuhe sind noch nicht eingelaufen. Kletterzeug, Seile und Karabiner für die schweren Klettersteigpassagen dürfen nicht fehlen. Diese Art der Vorbereitung hilft dir, auf die Gefahren dieser Wanderung entspannt und vorbereitet reagieren zu können. Irgendwann kommt ein Zeitpunkt, ab dem keine neuen Vorbereitungen mehr entstehen, sondern nur noch negative Punkte in deinem Gehirn diskutiert werden und dir die Energie für die Wanderung rauben. Diese sind stets passiv und führen nicht mehr zu einer Verbesserung.

Beispiele:
»Die Wanderungen mit Klaus sind immer doof, der geht so schnell!«
»Puh, die Kinder werden wieder nerven, weil sie mal ein paar Schritte tun müssen!«
»Wahrscheinlich hat dann die Skihütte geschlossen, ist ja immer so!«

Einige von diesen Beispielen zeugen von großer Müdigkeit, selbst die Verbesserung herbeizuführen, und kosten die Person selbst und das Umfeld viel Energie. Nicht selten führen diese negativen Vorannahmen dazu, dass man die Reise nicht antritt oder darauf verzichtet, die schönen Dinge entlang der Reise wahrzunehmen, um immer den Notausgang im Blick zu halten. Damit hätte dich die Passivität fest in der Hand. An diesem Punkt könntest du bemerken, dass du dich selbst in eine Opferrolle gebracht haben könntest. Die

Opferrolle ist ein Zustand, der jeden Menschen treffen kann und bewusst verdrängt werden muss. In der Opferrolle sind die anderen schuld, die Situation scheint ausweglos und du selbst tust nichts, um etwas an dieser Situation zu ändern. Das ist der ideale Zeitpunkt, um die Methode „Innerer Bundestag" anzuwenden. Wechsle bewusst aus der Perspektive des internen Kritikers in die Rolle des internen Befürworters. Nimm die letzten Punkte des Kritikers und finde Lösungen dafür.

»Ich werde Klaus direkt zu Anfang bitten, ein wenig langsamer zu laufen, und ihm erklären, dass ich sonst keinen Spaß am Wandern habe!«
»Die Kinder freuen sich bestimmt auf den schönen Geocache, den ich auf der Wanderroute gefunden habe!«
»Entweder wir packen ein Picknick ein oder wir probieren die andere Berghütte, von der wir viel Gutes gehört haben.«

Damit nicht genug. Jetzt hast du die negativen Punkte des Nörglers ausgehebelt. Nun stellst du dir (in unserem Beispiel) die Wanderung vor und suchst nach Chancen, die den Tag und das Erlebnis bereichern könnten.

»Ich habe gelesen, dass der Ausblick kurz vor Schluss wunderschön sein soll!«
»Wenn wir diese lange Wanderung schaffen, könnten wir auch die Route XYZ im Sommerurlaub angehen, die uns zu einem besonders schönen See bringt!«
»Auf dieser schönen Wanderung treffen wir sicher noch andere nette Wanderer und führen wertvolle Gespräche!«

Die positiven und die negativen Dinge können im Laufe des Tages geschehen. Durch unseren wichtigen Überlebensmodus legen wir Menschen den Fokus oft auf die negativen Dinge, vor denen wir uns schützen wollen. Wenn alle drohenden Gefahren betrachtet sind, ist es Zeit, den Blick auf die Chancen zu richten.

Du selbst kannst dich entscheiden, deine Perspektive bewusst auf die möglichen positiven Aspekte zu lenken und damit dem Tag eine Färbung zu geben und dich selbst aufmerksamer für die schönen Kleinigkeiten zu machen.

Genau wie im Bundestag spiegeln die positiven und negativen Elemente gemeinsam unsere Realität wider. Auch im Bundestag müssen unliebsame Meinungen gehört werden, das ist Teil unserer Demokratie, doch werden die Redezeiten an den Vorgaben durch die Wählerstimmen vergeben. Exakt so gehst du vor. Du teilst die Redezeit in zwei Teile. Genau so lange, wie du dich mit den Problemen, deren Lösung und den Herausforderungen beschäftigst, darfst du danach die Aufmerksamkeit auf die schönen Aspekte, Chancen und Begebenheiten lenken, die dir Vorfreude schenken.

Sich nur auf die positiven Aspekte zu konzentrieren und die negativen Aspekte auszublenden, könnte darin enden, dass du schlecht oder gar nicht vorbereitet auf die Wanderung gehst. Daraus könnte ein Risiko für deine Gesundheit entstehen. Die ausgewogene Vorbereitung bereitet dir den Weg für die sichere Wanderung. Wenn du aktiv und bewusst mit deinen Ängsten und Unsicherheiten umgehst, helfen sie dir, dich gut vorzubereiten. Im Kapitel »Negatives hilft uns beim Überleben« (Seite 24 f.) beleuchte ich das noch ein bisschen intensiver. Schon das Orakel von Delphi soll die Menschen zu Alles-in-Maßen aufgerufen haben. Hier geht es um Balance. Es war für uns Menschen von überlebenswichtigem Vorteil, die Gefahren intensiver wahrzunehmen als die Chancen. In der heutigen Zeit, ohne echte Lebensgefahr, müssen wir uns das bewusst vor Augen halten und die positiven Aspekte fokussieren.

Wenn du das nächste Mal vor einer Entscheidung stehst, halte kurz inne, achte auf die Balance und triff eine gute, ausgewogene Entscheidung. Damit wirkst du in vielen kleinen Schritten positiv. Die Methode »Innerer Bundestag«, die sich an den Ideen aus diesem Kapitel orientiert, wird dabei helfen. Diese wird im späteren Methodenteil detailliert erklärt.

Sprich darüber – Zusammenfassung

Achte auf die Sprache, die du hörst.
Achte auf die Sprache, die du dir selbst gegenüber verwendest.
Achte auf die Sprache, die du mit anderen Menschen verwendest.

Wann immer möglich, stell den positiven Aspekt der Kommunikation in den Vordergrund. Ja, immer mal wieder muss man schlechte Nachrichten überbringen. Für schlechte Nachrichten gibt es keine positive Variante. Ich bin dennoch sicher, dass es gerade dann eine äußerst freundliche und respektvolle Art der Kommunikation sein muss.

Wie oft begegnen wir Menschen nur ein einziges Mal? Verkäufern im Supermarkt, Passanten im Straßenverkehr, Handwerkern in unserer Wohnung und so weiter. Mit all diesen Menschen kannst du positive Kommunikation ausprobieren. »Können Sie mir bitte zweihundert Gramm Lyoner Wurst verkaufen?« Gerade bei Kommunikationspartnern, die wir wahrscheinlich nur einmal sprechen, können wir ganz verschiedene Dinge ausprobieren. Sei gespannt auf die Reaktionen.

»Können Sie mir bitte zweihundert Gramm Wurst einpacken?«
»Wären Sie so freundlich und würden mir zweihundert Gramm Wurst verkaufen?«
»Mit zweihundert Gramm Wurst machen Sie mir eine große Freude!«
Und so weiter.

Du findest schnell kleine Sprachexperimente, die dazu führen, dass ein positiver Fokus in deiner Sprache entsteht. Ich selbst habe mich schnell an bestimmte Floskeln gewöhnt, sodass ich heute nicht genau sagen kann, was ich anders mache als früher. Ich sehe nur immer wieder freundlich überraschte Menschen. Das fühlt sich super an.

7. Bedanke dich!

Jetzt kommt der vielleicht wichtigste Schritt: aktive Dankbarkeit. Einigen könnte jetzt ein »Ich sag immer danke. Was soll das?« durch den Kopf gehen. Ich will kurz darlegen, wie man richtig Danke sagt, welche Wirkung es hat und warum es gut für dich selbst ist.

Was ist Dankbarkeit?

Ein wichtiger Schritt auf dem Weg zur Positivität ist die Dankbarkeit. Alle gesunden Menschen wollen die eigene Lebenssituation oder die anderer verbessern. Wir sind soziale Wesen und die Gemeinschaft hat einen hohen Stellenwert. Diese Gemeinschaft beruht darauf, dass wir alle etwas dazu beitragen. Das Leisten dieses Beitrags ist so tief in uns verankert, dass es Glücksgefühle bei uns auslöst, wenn wir diesen Beitrag geleistet haben.

Zum einen freuen wir uns, weil wir es selbst geschafft haben, eine bestimmte Herausforderung zu meistern. Diese Freude und die daraus entstehende Kompetenz nennt man Selbstwirksamkeit oder Selbstwirksamkeitserwartung (Wikipedia: »Selbstwirksamkeitserwartung« 2022). Dieses wichtige Grundkonzept wird später beleuchtet.

Wenn wir Dankbarkeit senden

Dadurch, dass wir unseren Dank aktiv formulieren, zeigen wir der empfangenden Person, dass sie unser Leben in irgendeiner Weise verbessert, erleichtert oder bereichert hat.

Wofür wir dankbar sind, liegt vollständig beim Sender der Dankesbotschaft. Ein materielles Geschenk, ein Kompliment, eine Geste, eine Frage, ein freundlicher Gruß, aktive Unterstützung ... Es gibt unendlich viele Gründe, warum du Mitmenschen dankbar sein darfst. Wir können sogar Dankbarkeit für die Schönheit der Natur, das Wunder des Lebens oder die Faszination der Welt um uns herum empfinden. Es gibt etwas, das gute Gefühle in uns auslöst, das von Personen oder von der Welt um uns herum ausgeht. Wir erkennen diese Wirkung an.

Egal, wie klein der Anlass sein mag, wenn er bei dir eine Wirkung erzielt hat, ist er des Dankes wert. Es handelt sich bei Dankbarkeit um die Rückmeldung, dass der Empfänger des Danks einen winzig kleinen und doch spürbaren Effekt auf unsere Umgebung hatte. Das ist ein magischer Moment. Jetzt passiert etwas Wunderbares: Sowohl der Sender als auch der Empfänger des Dankes spüren den Dank. Der Sender ist zuerst voller Vorfreude, weil er sich gleich bedanken wird. Kaum ist der Dank ausgesprochen, springt diese Freude auf den Empfänger über. Denn jetzt spürt der Empfänger, dass er etwas für den Sender wirkungsvoll Gutes getan hat. Das erfüllt den Empfänger mit dem Gefühl der Selbstwirksamkeit. Somit lächelt der Empfänger. Jetzt sieht der Sender, dass sein Dank für gute Laune sorgt. Damit ist seine Selbstwirksamkeit spürbar und er lächelt.

Das ist eine der wirksamsten Methoden, um Stress abzubauen. Wenn wir richtig Danke sagen, tun wir dem Empfänger, uns selbst und der Welt etwas Gutes. Diese Gefühle aus diesem Moment sind so nachhaltig, dass wir mit Stolz und Freude strahlen. Das spürt unser Umfeld. Damit bringen wir Dankbarkeit und Positivität in die Welt.

Warum gibt es Menschen, die Dank abwehren?

Im Norden Deutschlands ist eine weitverbreitete Antwortredewendung auf ein Dankeschön das kurze »Dafür nicht!«. Im Süden heißt das eher »Passt schon« oder »Ist doch selbstverständlich«. In einigen Regionen Deutschlands ist die Floskel »Nicht gemeckert ist schon genug gelobt!« weitverbreitet. All diese Formulierungen sorgen für schlechte Stimmung oder verhindern zumindest die Verbesserung der Kommunikationsbeziehung.

Meine Hypothese hierzu ist, dass ein echter Dank uns emotional erreicht. Wie bereits dargestellt, startet der empfangene Dank unsere Selbstwirksamkeit und verändert unsere Emotionen. Die Menschen sind überrascht, welch große emotionale Wirkung eine winzige Kleinigkeit haben kann. Ich kenne Menschen, deren Kontrollbedürfnis so groß ist, dass sie lieber den Dank abwehren oder reduzieren, als sich dem Gefühl der Freude und der Selbstwirksamkeit hinzugeben. Ob uns zu viel Bescheidenheit anerzogen wurde oder ob wir zu oft »Eigenlob stinkt« als Elternratschlag gehört haben, weiß ich nicht. Ich bin sicher, dass etwas mehr positive Offenheit, die sich in Danke sagen und Danke empfangen ausdrückt, zu einem schöneren Alltag führt.

Letztlich liegt die Entscheidung zur Dankbarkeit vollständig beim Sender. Der Sender allein weiß, welche Wirkung die Aktion des Empfängers hatte. Ich darf als Empfänger offen und aufmerksam zuhören, genießen und mich dann meinen Gefühlen hingeben und mit einem freundlichen »Gerne!« reagieren. Wenn ich das auf die Spitze treibe, ist es respektlos, einen Dank abzuwehren. Denn der Sender hat sich sicher gut überlegt, wofür und auf welche Weise er sich bedanken möchte. Dies alles mit einem »Dafür nicht« abzuwehren, kann tatsächlich frustran sein.

Richtig Danke sagen

In den Vorträgen, die ich allein oder mit der wunderbaren Kollegin Cosima Laube gemacht habe, ist ein zentrales Element das richtige Dankesagen.

Um jemandem wirksam Danke zu sagen, braucht es nicht viel. Zuerst nimmst du dein Gefühl der Dankbarkeit wahr, welches die Aktion des Empfängers bei dir ausgelöst hat. Es geht darum, dein Gefühl und deine Wahrnehmung zum Ausdruck zu bringen.

Cosima Laube und ich beim Vortrag

Nehmen wir mal an, die Kollegin Gabi hätte dir bei einem Problem mit dem Drucker geholfen. Das hat dir in einem stressigen Moment geholfen und dich erleichtert. Jetzt kannst du zu Gabi gehen und ihr aus der Entfernung »Danke« zurufen. Da Gabi schon drei anderen Kollegen im Großraumbüro geholfen hat, kann sie deinen Dank nicht genau zuordnen und deine Dankbarkeit verfehlt die gewünschte Wirkung. Wirksamer wird dein Dank, wenn du Gabi direkt ansprichst, die Wirkung formulierst und deinen Dank klar benennst: »Hey Gabi, vielen Dank für deine Hilfe am Drucker! Ich war echt im Stress, weil ich zu spät dran war. Deine Hilfe hat mir ein Gefühl der Sicherheit und der Entspannung geschenkt!« Zusätzlich zum Augenkontakt und deinem Lächeln kannst du gerne noch die Hand reichen. Gabi fühlt sich persönlich angesprochen. Sie kann sich in die konkrete Situation versetzen und du drückst klar die Wirkung aus, die Gabis Hilfe am Drucker hatte. Sie blickt in dein Gesicht und sieht dein Lächeln. Jetzt stellt sich bei ihr das Gefühl der Selbstwirksamkeit ein. Mit an Sicherheit grenzender Wahrscheinlichkeit lächelt sie jetzt auch.

Du als Sender dieser Dankesbotschaft stellst ein Paket aus persönlicher Ansprache, Situationsbericht und Wirkung, die es auf dich selbst hatte, zusammen. Dadurch kannst du sicherstellen, dass dein Empfänger sich leicht in die Situation versetzen kann, möglicherweise überrascht ist, welche Wirkung er hatte, und dich mit diesem Gefühl verbindet.

Dieser Moment wird in dir und in Gabi nachwirken. Gabi wird das Lächeln mit in ihr Büro nehmen und vielleicht beim Kaffee einer weiteren Kollegin von dem netten Austausch erzählen. Darüber sprechen wir im späteren Kapitel »Der Welleneffekt der Dankbarkeit« (Seite 116 f.).

Du kannst mit Sicherheit sagen, dass du Gabis Tag verbessert und sie vielleicht an einem stressigen Tag für einen kurzen Moment aufgeheitert hast. Das Gespräch dauert wenige Sekunden und hat die Chance, den Tag für alle Beteiligten zu verändern.

Wann und wie oft Danke sagen?

Es ist sicher keine Überraschung, dass ich mich eher häufig und eher früh in der Beziehung zu meinen Mitmenschen bedanke.

Nehmen wir an, ich würde einen Orthopäden besuchen, der sich länger um mein schmerzendes Fußgelenk kümmern wird. Das Praxispersonal freut sich über nette und dankbare Patienten. Freundlicher Umgang gestaltet deren Arbeitstag schöner und meine Patientensituation profitiert ebenfalls. Der Orthopäde freut sich sicher darüber, dass ein Patient positive Eindrücke bei der Anbahnung des Termins gesammelt hat und das formuliert. Das wird die Patientensituation und wahrscheinlich auch das Behandlungsergebnis positiv beeinflussen. Das Gleiche gilt für Reiseleiter, Ärzte und alle anderen Menschen, mit denen wir in Beziehung treten. Vielleicht helfen wir unserem Mitmenschen mit unserem Dank aus einem Motivationsloch oder zeigen durch unsere Wertschätzung, dass die anstrengende Vorbereitung Wirkung hat.

Ich bedanke mich, sobald ich eine positive Wirkung spüre. Das kann ein freundliches Gespräch, eine hilfreiche Diagnose oder ein Therapieerfolg sein. Sowohl meine Mitmenschen als auch ich profitieren von meiner Dankbarkeit und das verbessert die Gesamtsituation. Warum sollte ich bis zum Ende der Behandlung warten? Das gilt in gleicher Weise für alle Menschen, mit denen wir interagieren. Dankbarkeit kann die Beziehung positiv prägen. Sind wir nicht alle lieber und besser mit Menschen im Austausch, die wir als freundlich und dankbar einschätzen?

»Ja, aber wenn du dauernd Danke sagst, verliert das einzelne Danke an Wert.« Diese Vorannahme ist falsch. Wenn mein Dank zu einer Floskel würde, stimmte ich dieser These zu. Da ich meinen Dank mit Bezug auf die Wirkung zum Ausdruck bringe, kann ich das immer wieder gleich wirkungsvoll tun.

Sollten die Mitarbeiter der Bäckerei um die Ecke jeden Morgen einen wichtigen Beitrag (Kaffee) zu deiner Lebensfähigkeit beitragen, kannst du das auch jeden Morgen betonen. Eine tolle Möglichkeit, um möglichst unterschiedliche Varianten des Danksagens auszuprobieren. Gerade bei den Menschen, die uns wirklich wichtig sind (Partner, Kinder, Eltern), dürfen wir immer wieder bewusst die inzwischen selbstverständlichen Dinge wahrnehmen und den entsprechenden Dank formulieren. Das kann nicht zu häufig passieren, solange die Wirkung spürbar war. »Vielen Dank, dass du heute die Kinder betreut hast und ich mich ganz auf meine Konferenz konzentrieren konnte!«

Jetzt weißt du, worauf es beim Danksagen ankommt:

- Persönliche Ansprache mit Augenkontakt: »Hey Klaus!«
- Situationsbeschreibung: »Vielen Dank für die E-Mail gestern vor der Präsentation.«
- Wirkungsbeschreibung: »Ich fühlte mich super vorbereitet und sicher im Thema. Das war spitze. Vielen Dank!«

Du willst das hier und jetzt ausprobieren? Dann schlag den Methodenteil »Danke sagen, und zwar richtig« auf, dort findest du alles Wichtige für die erste winzige Übung im Danksagen. Die erste Person, mit der du starten solltest, bist du selbst. Wofür bist du dir heute dankbar?

Positiv wirkt – die Wirkung zählt!

An dieser Stelle sei noch mal der Fokus auf die Wirkung gelegt. Wenn du dich bei einer Person für eine Tätigkeit bedankst, die diese Person möglicherweise hundertmal an diesem Tag ausführt, stumpft diese Person sicherlich ein wenig ab.

Nehmen wir einen Tankwart: »Vielen Dank, dass Sie mein Auto betankt haben!« ist sehr höflich und grundsätzlich ist daran nichts auszusetzen. Doch ist es sein Job, er macht das den ganzen Tag und es löst keine Emotionen bei ihm aus. »Vielen Dank, dass Sie mir beim Tanken helfen. Es ist ein neuer Wagen und Ihre Hilfe gibt mir ein sicheres Gefühl, das Richtige getankt zu haben!« Hier steht die Wirkung der Sicherheit im Mittelpunkt und mit großer Wahrscheinlichkeit wird dieser Dank den Tankwart direkt erreichen und ihn froh machen.

Im nächsten Kapitel geht's um Selbstwirksamkeit, dort gehen wir genauer auf dieses Konzept ein. Mach dir deutlich, welche Wirkung jemand mit seiner Handlung auf dich hatte. Das macht den Dank, den du an diese Person richtest, deutlich wirksamer.

Selbstwirksamkeit

Ein Satz, der mich geprägt hat, kommt von meiner Mutter. Sie hatte weit vor meiner Geburt ein kleines Holzschild von einer Freundin geschenkt bekommen, auf dem steht: »Willst Du glücklich sein im Leben, trage bei zu anderer Glück, denn die Freude, die wir geben, kehrt ins eigne Herz zurück!« – Diesen Spruch habe ich viele Male unreflektiert in die Poesiealben meiner Grundschul-

Willst Du glücklich
sein im Leben,
trage bei
zu anderer Glück,
denn die Freude,
die wir geben,
kehrt ins eigne
Herz zurück!

kameraden und -kameradinnen geschrieben. Damals wusste ich noch nicht, dass das Konzept der Selbstwirksamkeit und Grundlage der Dankbarkeit immer direkt vor meiner Nase sichtbar war. Es hat ein paar Jährchen gebraucht, bis ich das selbst erkennen und wertschätzen konnte. Das Konzept hinter diesem Spruch heißt Selbstwirksamkeit oder Selbstwirksamkeitserwartung.

Wann immer du selbst eine Veränderung in deinem Umfeld vorantreibst, führt das zu guten Gefühlen. Du hast die Entscheidung getroffen, dein Umfeld zu verbessern, und dann die konkreten Handlungen ausgeführt, die zur Umsetzung notwendig waren? Sehr gut!

Warum fühlt sich das gut an?
Im Gegensatz zu den Menschen, die sich in einer Welt sehen, die von äußeren Kräften gestaltet und gelenkt wird, hast du das Gefühl, selbst Kontrolle zu haben. Du selbst hast die Möglichkeit und die Fähigkeit, dein Umfeld, deine Umwelt nach deinen Wünschen zu gestalten. Es geht hierbei keineswegs um große Veränderungen. Du musst nicht die Welt retten, um dieses Gefühl zu haben. Die Größe der Veränderung, die du erreichst, spielt im nachfolgenden Gefühl selten eine Rolle. Die Häufigkeit, mit der du Veränderungen in dein Leben bringst, ist deutlich relevanter.

Die einfachste Variante, um deine Umwelt ein wenig besser zu machen, ist, anderen Menschen zu helfen und ihnen eine Freude zu machen. Das kannst du beliebig oft wiederholen und dein Gefühl der Selbstwirksamkeit wird dich immer wieder glücklich machen.

Du glaubst mir das nicht?
Wenn dir das nächste Mal jemand eine Freude macht, bitte ihn/sie, kurz stehenzubleiben, und bedanke dich bei ihm/ihr. »Hallo ... (Name)! Vielen Dank für ... (Aktion)! Deine Aktion hat bei mir ... (Wirkung) ausgelöst. Dafür möchte ich mich bei dir bedanken.«

Jetzt achtest du auf das Gesicht deines Gegenübers. Obwohl er/sie dir die Freude gemacht hat, du der Empfänger bist, wird er/sie über beide Ohren strahlen. Er/sie hat bemerkt, dass er deine Welt ein bisschen besser gemacht hat. Genau dieses Gefühl ist Selbstwirksamkeit. Durch deinen Dank hast du dieses Gefühl, diese Wahrnehmung noch verstärkt. Es scheint geradezu egoistisch, jemandem eine Freude zu machen und nett zu sein.

Die Selbstwirksamkeit funktioniert aufgrund unseres Wunsches, die Welt ein bisschen besser machen zu wollen. Egal wie klein die Veränderung ist, die du herbeiführen wirst, die Selbstwirksamkeit wird uns Freude machen.

Jetzt kommt die zweite Hälfte des Begriffs »Selbstwirksamkeitserwartung« ins Spiel! Nehmen wir an, du liest dieses Buch und entschließt dich, heute deinen Mitmenschen etwas Freude zu schenken. Du gehst bei einer Gärtnerei ums Eck vorbei, kaufst ein paar schön blühende Blumen und verschenkst diese in der Fußgängerzone deiner Stadt. Bei der ersten Tulpe, die du verschenkst, bist du möglicherweise aufgeregt. Und das freundliche Lächeln, dass dir der Empfänger schenkt, zeigt dir, dass du dem Empfänger eine Freude gemacht hast. Damit hast du deine Umwelt aktiv ein bisschen besser gemacht. Das fühlt sich gut für dich an. Natürlich fällt es dir jetzt deutlich leichter, die restlichen Blumen zu verschenken, und dein Lächeln wird immer einladender. Denn du weißt, dass die Menschen, die du beschenkst, sich freuen, sich bedanken und du damit deine kleine Welt besser gemacht hast. Deine Entspannung und deine strahlendere Haltung werden einladender wirken und mehr Menschen lassen sich von dir beschenken. Am Ende dieser Aktion wirst du glücklich sein und wissen, dass du all diesen Menschen eine vielleicht nur kurze und doch spürbare Freude geschenkt hast.

Du lernst, dass du das Leben positiv gestalten kannst. Deine nächste Aktion startet mit dem Wissen, dass du bereits eine erfolgreiche Aktion durchgeführt hast. Du bist noch freudiger, noch offener und noch überzeugter, dass du dieses Mal die möglicherweise auftretenden Widerstände überwinden wirst.

Das gilt natürlich nicht nur für Aktionen im Rahmen der Positivität, sondern für dein ganzes Leben. Du wirst bereits wissen oder lernen, dass du in der Lage bist, Dinge zu gestalten, und spürst am Ende den Erfolg deiner Aktion. Das kann im Beruf, in deiner Beziehung, im Freundeskreis im Verein et cetera sein. Das Wissen, dass du konkret deine Umwelt gestalten und verändern kannst und dass diese Veränderung zu positivem Feedback führt, schenkt dir immer wieder neuen Antrieb, Energie und Begeisterung. Du kannst in den Augen deiner Mitmenschen erkennen, dass du selbst gerade Wirkung erzielt hast. Deine Selbstwirksamkeit wird spürbar und du schaffst Sinnvolles.

Dadurch, dass du bereits gute Veränderungen erreicht hast, lernst du, dass deine nächsten Ziele und Aktionen mit höherer Wahrscheinlichkeit erfolgreich sein werden. Denn du bringst deinen Erfahrungsschatz mit in die neue Aktion. Genau aus diesem Grund darfst du immer mal wieder innehalten und den Erfolg des Tages, einer bestimmten Aktion oder einer kleinen Geste direkt ins Bewusstsein rufen. Du hast es getan und du kannst stolz darauf sein. Deine erfolgreichen Veränderungen geben dir Kraft für die Zukunft.

Das ist eine sich selbst verstärkende zirkuläre Bewegung. Du profitierst davon, Gutes zu tun, damit fällt es dir leichter, Gutes zu tun, wodurch du leichter Gutes tun wirst.

Kurz gesagt, gerade du selbst profitierst davon, wenn du in deinem Umfeld positive Veränderungen umsetzt. Du selbst sammelst Energie, wenn du anderen Menschen hilfst, Freude schenkst.

Das ist die Triebfeder meiner Positivität und schenkt mir immer wieder Antrieb und Freude. Durch die Ausrichtung meines Handelns am Glück anderer bekomme ich direkt Feedback oder das Wissen, etwas Gutes und Sinnvolles getan zu haben.

Insbesondere an Tagen, an denen ich nicht so gut drauf bin, nutze ich dieses kleine Detail zu meinem Vorteil. Es hat einen deutlicheren Effekt auf meine Stimmung, anderen Menschen etwas Gutes zu tun, als mit der gleichen Energie etwas zu suchen, was mir selbst guttäte. Shawn Achor hat das in seinem Buch »The Happiness Advantage« durch Studien beweisen können, meine Versuche bestätigen das (vgl. Achor 2011: 54). Nicht selten kaufe ich bei der Eisdiele ums Eck kein Eis für mich, sondern kleine Gutscheine und verschenke diese dann. Das tut (mir) wirklich gut! Ein Team, das für eine gute Sache spendet, profitiert stimmungsmäßig intensiver als ein Team, das sich vom gleichen Betrag etwas kauft.

Der Welleneffekt der Dankbarkeit

Eine Freundin und Coach-Kollegin besuchte mich. Wegen einer Unverträglichkeit ernährt sie sich glutenfrei. Die Angebote in Restaurants und Cafés sind leider noch eingeschränkt. Sie ist offensichtlich gewohnt, aus einer reduzierten Speisekarte zu wählen. Zufälligerweise gibt es bei mir um die Ecke ein Café, das sich auf glutenfreie Backwaren und Speisen spezialisiert hat. Meine Freundin stand vor dem dargebotenen Angebot an Kuchen, Muffins, Brot und so weiter und war absolut begeistert. Es war ungewöhnlich groß und alle leckeren Gaumenfreunden waren glutenfrei. Nachdem wir unseren Mittagskuchen vor Ort genossen hatten, kaufte sie sich noch Kekse und Kuchen für die Heimfahrt. Sie kam mit der Besitzerin des Cafés ins Gespräch und schloss mit einem Satz wie: »Ich danke Ihnen für das tolle Angebot, für das tolle Ambiente und die tolle Arbeit, die Sie mit Ihrem Team hier leisten!« Wir verließen das Café und liefen um die Ecke. Dort hörten wir, wie die Besitzerin des Cafés gerade in der Küche stand und ihren Mitarbeitern von diesem Gespräch erzählte. »... und die tolle Arbeit, die Sie mit Ihrem Team hier leisten!« konnten wir als Satzbruchstück noch aufschnappen. Die Besitzerin war nach dem Gespräch direkt in die Küche gegangen und hatte die Dankesworte und das Feedback direkt zu den Mitarbeitern getragen. Damit hat sie ihre eigene Freude mit den Angestellten geteilt oder vielleicht doch multipliziert.

Was wird danach passiert sein?

Die Mitarbeiter spürten die Dankbarkeit, ein bisschen Stolz und identifizierten sich noch ein bisschen mehr mit dem Café. Aus dem Dank, den meine Freundin an die Besitzerin gerichtet hatte, war jetzt eine Stimmungsverbesserung für fünf Menschen geworden. Es ist wahrscheinlich, dass diese fünf Menschen wiederum weiteren Menschen von diesem Event erzählt haben und somit die gute Laune noch größere Kreise gezogen hat.

Das ist der Welleneffekt, den Dankbarkeit und Positivität haben. Die Positivität und Dankbarkeit erreicht die Menschen und breitet sich dann im Umfeld dieser Menschen wie eine Welle aus. Positiv wirkt nicht nur bei den Menschen, die du ansprichst. Der alte Spruch »Geteiltes Leid ist halbes Leid – geteilte Freude ist doppelte Freude« trifft hier den Nagel auf den Kopf.

In dem Moment, in dem du Dankbarkeit und Positivität empfängst, wirst du aus deinem Alltag gerissen. Das erreicht dich emotional, denn es lässt dich deine Selbstwirksamkeit spüren. Dadurch wirst du glücklicher und ein bisschen stolz. Du teilst deine neue Energie mit deinen Kollegen und Freunden und die spüren deine Freude und werden somit angesteckt. Dadurch, dass diese Menschen angesteckt wurden, sind sie aufmerksamer für Positives, dankbarer und offener für die Interaktion mit Mitmenschen. Es ist in der Folge wahrscheinlicher, dass diese Menschen ihrerseits ihre Freundlichkeit zum Ausdruck bringen und ihre Dankbarkeit zeigen, wo sie sonst vielleicht geschwiegen hätten.

So schwappt die Welle der Dankbarkeit und Positivität immer wieder aufs Neue durch deine Umgebung. Dir ist das wahrscheinlich gar nicht bewusst, du sorgst durch aktives Dankesagen und Positivität bei weit mehr Menschen für bessere Lebensumstände, als du denkst. Wie ein kleiner Tropfen, der in ein ruhiges Wasser fällt, erzeugt Positivität Kreise um dich herum und irgendwann wird eine solche Welle zu dir zurückkommen.

In der modernen Zeit sind wir es gewohnt, auf Kundenempfehlungen und Fünf-Sterne-Bewertungen basierend Entscheidungen zu treffen. Wenn wir uns kurz bewusst machen, wie Dankbarkeit und Positivität funktionieren, ist es ähnlich. Wir hören oder erfahren von positivem Feedback und selbst wenn wir die empfehlende Person nicht kennen, bauen wir Vertrauen auf und treffen darauf basierend Entscheidungen.

Hier noch ein kleines Beispiel, das mir zugeschickt wurde: Unscheinbar, einfach und doch mit wirksamem Positiv-wirkt-Welleneffekt!

Eine Kritzelei startet eine Dankbarkeitswelle

Kleines Positivitätserlebnis:
Hatte meine Jacke zur Reparatur gegeben. Da sie es binnen eines Tages fertig gemacht hatten, habe ich beim Bezahlen ein ›Danke‹ mit einem Smiley auf den Auftragszettel gekritzelt. Die Kassiererin war total angetan und zeigte es gleich ihrer Kollegin. Echt einfach! ☺

22:20

Noch einfacher ist es für dich, die Positivitätswellen, die dich erreichen, wahrzunehmen und dann bewusst fortzusetzen. Vielleicht schenkt dir jemand eine Aufmerksamkeit, ein Kompliment oder eine Arbeit kommt erfolgreich zum Ende. Nimm diese Energie wahr und mach deinen Mitmenschen eine Freude. Das funktioniert an der Dönerbude um die Ecke, im Verein und sorgt damit für einen Welleneffekt, von dem du nicht weißt, welche Auswirkungen er haben wird.

Ich könnte einige Geschichten von solchen Wellen erzählen und immer mal wieder findet sogar eine Welle den Weg zurück zu mir. Vor Kurzem wurde ich in meiner Stadt angesprochen, weil ich jemandem an der Kasse mit fünf Euro ausgeholfen hatte. Was hat mir mehr Freude bereitet? – Die fünf Euro oder die Tatsache, dass dieser Mensch mich mit Freuden erkannt und angesprochen hat? Einfach zu beantworten, oder?

Nicht gemeckert ist schon genug gelobt!

Im letzten Kapitel habe ich Floskeln wie »Nicht gemeckert ist genug gelobt!« erwähnt und an dieser Stelle wird deutlich, dass viele dieser Formulierungen die Dankbarkeitswelle aktiv unterbrechen. Durch das Zurückhalten der positiven Eindrücke des Danks kann die Welle sich nicht fortsetzen. Die Mitarbeitenden in der Küche würden nicht erfahren, wir glücklich die Kunden waren.

Nicht jede Dienstleistung rechtfertigt ein Dankeschön, nicht alles muss rosarot dargestellt und übertüncht werden. Wenn uns Leitsätze wie dieser, der in Schwaben wirklich weitverbreitet ist, vom Dank zurückhalten, bremsen wir uns selbst, eine Welt zu schaffen, die kostenlos ein bisschen besser werden könnte. Wenn du das nächste Mal die Chance hast, deine Dankbarkeits- und Wertschätzungswelle zu starten – denke bitte kurz an die Menschen, die durch die von dir gestartete Welle aus schlechter Laune gerissen werden könnten, und bring deine Dankbarkeit zum Ausdruck. Gerade in kleinen Geschäften, die vielleicht neu eröffnet wurden und in denen noch nicht viele Kunden regelmäßig vorbeikommen, kann ein nettes Wort viel Energie und Freude schenken.

Eigenlob stinkt

Noch ein Satz, den ich in meiner Kindheit hören durfte, den ich heute mit anderen Augen sehe: »Eigenlob stinkt!« Eines wird bei diesem Wellengedanken schnell klar. Wenn du selbst Dankbarkeit erfährst, gutes Feedback für die Teamleistung erhältst oder Menschen sich positiv über eure Dienstleistung ausdrücken, ist es völlig in Ordnung, dieses Feedback mit anderen Menschen zu teilen. Das gilt insbesondere für Führungskräfte, die ein großes Interesse daran haben, für ihre Mitarbeiter positive Stimmung und Identifikation mit dem Produkt zu schaffen. Durch authentisches und emotional weitergegebenes Kundenfeedback kommt das quasi als Geschenk ins Team und muss dann geteilt werden.

Das hat dann nichts mit stinkendem Eigenlob zu tun, sondern mit der gemeinsamen Betrachtung von Dankbarkeit, die durch respektvolle Kunden in das Team gegeben wurde. Ferner wäre es respektlos, diese positiven Eindrücke nicht mit den anderen zu teilen, die an der Leistung beteiligt waren.

Bedanke dich! – Zusammenfassung

Danke sagen ist der Schlüssel zum Glück. Das gilt nicht nur für das Glück der anderen, sondern auch für dein eigenes Leben. Es ist fast egoistisch, Danke zu sagen. Wir wissen aus mehreren Studien, wie sich aktive Dankbarkeit positiv auf dich selbst auswirkt. Es gibt faktisch keinen Grund, seiner Dankbarkeit keinen Ausdruck zu verleihen. Ruf dir immer mal wieder in Erinnerung, dass du für dich und deine Mitmenschen eine echte Veränderung des Alltags herbeiführen kannst. So einfach und doch so wirksam.
Viel Spaß dabei!

8. Mach anderen eine Freude

Anderen etwas Gutes tun ist egoistisch!

Stell dir vor ..., du läufst durch die Stadt und in einem Schaufenster findest du das exakt passende Geschenk für einen engen Freund. Das perfekte Geschenk. Zufälligerweise hat genau dieser Freund in sechs Wochen Geburtstag und ohne lange nachzudenken, kaufst du dieses großartige, genau passende Geschenk.

Zu Hause packst du es schön ein, schreibst eine Karte und versteckst es im Schrank. Sodass dein Freund es auf keinen Fall vor dem Geburtstag sehen kann. Der Abend der Geburtstagsfeier kommt und du überreichst zusammen mit einer Umarmung und deinen Glückwünschen das Geschenk und dein Freund ist begeistert. Alle Gäste lachen über dein großartiges Geschenk und dein Freund findet noch Wochen nach dem Geburtstag großen Gefallen und Nutzen daran.

Wer profitiert am meisten von dem Geschenk?
Dein Freund benutzt dein Geschenk vielleicht ein- bis zweimal pro Woche oder freut sich immer wieder daran, wenn er zum Arbeitsplatz kommt. Die Freude am Geburtstag selbst war riesig, was für eine schöne Überraschung. Du selbst

freust dich seit dem Moment vor dem Schaufenster. Vorfreude und Spannung, ob das Geschenk oder wie gut das Geschenk Freude bringen wird. Beim Einpacken hast du dir den Moment des Auspackens vorgestellt. Du hast dir ausgemalt, wie ihr beide über das Geschenk lacht. Jedes Mal, wenn dein Blick auf das Geschenk im Schrank gefallen ist, hast du an deinen Freund, den schönen Moment der Übergabe gedacht und dich gefreut. Der Moment der Übergabe selbst war super, der lachende Freund, die Gäste strahlend und das Wissen, dass ab diesem Moment dein Freund immer mal wieder an dich denkt und durch das Geschenk an dich erinnert wird. Was für ein wunderbares Gefühl.

Dadurch, dass du dich bereits im Vorfeld für unseren Freund freust, hast du viel länger Freude am Geschenk. Du wirst jemandem eine Freude machen. Dieses Wissen allein reicht aus, um dir selbst Freude und Glücklichkeit zu schenken. Das, was du in diesen Momenten spüren wirst, ist Selbstwirksamkeit. Es ist egal, ob du jemandem eine Freude machst, den du kennst, oder ob du Fremde überraschst. Glaubst du nicht?

Geh in die Stadt und verschenke Blumen, Süßigkeiten oder andere Kleinigkeiten an die Passanten. Spür die Vorfreude, die leichte Aufregung und dann die Freude, wenn du es überreicht hast und das Lächeln im Gesicht der beschenkten Person sehen kannst. Das funktioniert nicht nur mit Geschenken, du kannst das wunderbar mit Komplimenten tun! Ich selbst klemme immer mal wieder Gutscheine für Eisdielen oder andere Kleinigkeiten unter die Scheibenwischer von Autos, bei deren Besitzern ich die Stimmung verbessern möchte. (Pflegedienste, Straßenfeger, Müllabfuhr, Polizei, Straßenbahnfahrer, ...). Probiere es aus. Genieß das Gefühl, zu wissen, dass du diesen Menschen eine Freude in den Alltag zaubern wirst.

Ich hatte eine Situation, in der ich einen Streit über einem Restaurant mit anhören musste. Meinen Kollegen und mir drängte sich der Verdacht auf häusliche Gewalt auf und wir beschlossen, die Polizei anzurufen. Es ging nicht lange und bald waren eine Polizistin und ein Polizist auf dem Weg in dieses Haus. Ich bin losgerannt und habe Gutscheine für die Currybude, bei der wir gerade Mittagspause machten, gekauft und diese unter den Scheibenwischer des Polizeiwagens geklemmt. Gerade als ich fertig war, standen die beiden Polizeibeamten hinter mir und fragten mich, was ich wohl am Auto zu schaffen hatte. Ich hielt die Gutscheine in der Hand, bedankte mich dafür, dass sie so schnell gekommen waren und lächelte. Die Polizisten sagte nur kurz: »Wir wollen keine Geschenke annehmen, das wäre Bestechung. Aber Sie haben uns damit eine große Freude gemacht.« Das genau wollte ich erreichen.

Bei diesen kleinen Alltagsschenkungen geht es nie um den Betrag oder den Aufwand, der im Geschenk steckt. Sondern um die Aufmerksamkeit, die bloße Freude am Freuen! Die Wirkung, die du mit einem Geschenk erreichst, steht immer im Mittelpunkt.

In Amerika gibt es eine Kampagne namens PayItForward. In den USA sind Drive-thru-Restaurants durchaus weiter verbreitet als in Europa. Es gibt wunderbare Geschichten, bei denen jemand in den Drive-thru fährt und nicht nur sein eigenes Essen, sondern das Essen des nach ihm in der Schlange Wartenden bezahlt. Wer freut sich?

Klar freut sich der, der am Schalter bezahlen möchte und dann gesagt bekommt, dass bereits bezahlt wurde. Oft setzt sich diese Kette dann fort. Wer freut sich noch? Stell dir vor, du startest so eine Kette. Du bezahlst zehn Euro extra und reißt damit viele Menschen, die nach dir im Drive-thru sind, aus ihrem Alltagstrott. Plötzlich gibt es eine freudige Überraschung. Vielleicht triffst du jemanden, der heute einen schlechten Tag hat oder sich das Essen fast nicht leisten konnte ... Auf jeden Fall zaubert so eine Aktion Lächeln auf die Gesichter von Menschen. Dem Empfänger, wahrscheinlich dem Verkäufer ... und am aller wichtigsten: dir selbst! Hab Spaß! Gutes tun macht gute Laune. Positiv wirkt insbesondere bei dir!

Ich selbst mache das immer wieder und habe einige Geschichten zu erzählen, bei denen ich, durch einen kleinen geschenkten Gutschein, direkt Freude geschenkt habe. Ich selbst bin heute noch stolz, diese Geschichten erlebt und gestartet zu haben. Freude schenken ist wunderbar und ein bisschen egoistisch, weil wir selbst am meisten davon profitieren. Probier es aus.

Wie ich erwähnt habe, brauchen wir ungefähr drei- bis fünfmal so viel positive Eindrücke wie negative, um gute Laune zu empfinden (Fredrickson 2011: 47).

Das legt nahe, dass du gut daran tust, dir und anderen immer wieder mit vielen Kleinigkeiten etwas Gutes zu tun, denn dadurch wird vor allem deine Positivitätswaage ausgeglichen. Das ist keine neue Erkenntnis und Menschen wie Muhammed Ali haben erkannt, wie wichtig es ist, anderen etwas Gutes zu tun: »Service to others is the rent you pay for your room here on earth!« (Der Dienst am Mitmenschen ist die Miete, die du für deinen Platz hier auf der Erde bezahlst!) Dabei eine Menge Spaß zu haben und immer neue Geschichten und Erlebnisse zu sammeln, ist einfach großartig! Probier es aus!

Tue Gutes und rede darüber

Wenn es nun positive Eindrücke braucht, um die Positivitätswaage für unsere positive Balance einzustellen, dürfen wir uns eines klarmachen: Wir dürfen über positive Dinge sprechen. Egal wie klein, unwichtig oder individuell deine Erlebnisse sind. Deine Erzählung von einem positiven Erlebnis hilft der Stimmung deiner Mitmenschen. Immer wenn du etwas Tolles getan oder erlebt hast, ist es gut, darüber zu sprechen. Natürlich solltest du dich nicht wegen jeder Kleinigkeit über den Klee loben, deshalb die positiven Dinge zu verschweigen, macht die Situation nicht besser. Unsere positive Wirkung erreicht die Menschen, die gar nichts damit zu tun haben.

Ich war als Agile Coach bei einer Firma und natürlich haben wir die kleinen Erfolge des Vortages immer morgens in einem kleinen gemeinsamen Meeting gefeiert. Ab und an wurde applaudiert, manchmal gelacht – kurzum: Wir hatten Spaß! Immer morgens von neun bis viertel nach neun. Irgendwann beschwerten sich die Kollegen aus dem angrenzenden Büro. Sie hätten so wichtige Telefonate zu führen, um neue Kunden zu akquirieren, sie könnten bei dem Lärm nicht arbeiten. Zufälligerweise ist unser Team wenig später in einen anderen Gebäudeteil umgezogen. Das führte dazu, dass dieses Treffen in einen anderen Brandabschnitt verlegt wurde. Dadurch war von unserem Applaus morgens um neun Uhr im alten Büro nichts mehr zu hören.

Ich war verwundert, als plötzlich ein Kollege aus dem alten Büro morgens um neun Uhr vorbeikam und aus sicherem Abstand unser Meeting verfolgte. Darauf angesprochen, warum er denn jetzt zu uns komme und warum er nicht im alten Büro in Ruhe arbeite, antwortete er, dass unser Applaus immer ein Signal war, dass sich in dieser Firma Dinge in die richtige Richtung bewegten, und er jetzt ab und an seine Frühstückspause zu uns verlegen werde, um die Energie aufzusaugen.

Wenn du positive Eindrücke ohne Selbstbeweihräucherung teilst, werden sich Menschen auf diese Geschichten freuen und vielleicht bald selbst eine solche Geschichte zu erzählen haben. Damit hilfst du anderen und tust dir selbst etwas Gutes. Vielleicht inspiriert deine Geschichte deine Zuhörer, selbst eine kleine Aktion zu starten oder ein Positivitätsexperiment auszuprobieren. Dann hast du deine eigene kleine Welle der Positivität gestartet.

Tue Gutes und rede darüber! Das wirkt in die Zukunft, im Jetzt und in der Vergangenheit.

Die anderen sollten mal dankbar sein!

Hier eine wichtige Ergänzung. Wie am Anfang des Buches angemerkt, ist Dankbarkeit etwas nach innen Gerichtetes. Du wirst Menschen mit deiner aktiven Dankbarkeit erreichen, leider gibt es eine kleine Falle, in die man nur allzu leicht tappen könnte. Du erwartest Dank oder Gegenleistung. Wenn du einem Mitmenschen eine Freude machst und von deiner Seite irgendeine Erwartung an diese Aktion geknüpft ist, ist die gesamte Aktion zum Scheitern verurteilt. Diese Erwartungshaltung ist genau der Moment, an dem Positivität übergriffig wird und der unbedingt vermieden werden muss.

Du willst jemandem eine Freude machen? Gerne. Genieß es.
Wenn du jemandem eine Freude machst, damit er sich revanchiert oder dir in tiefer Dankbarkeit begegnet, solltest du noch mal intensiv darüber nachdenken, woher diese Erwartung kommt. Du hast jemandem eine Freude gemacht und die Person hat sich gar nicht bedankt? Vielleicht freut sich diese Person so sehr, dass sie einfach vergisst, sich zu bedanken? Vielleicht ist die Person gerade mitten in einem anderen Thema und gedanklich woanders. Vielleicht ist die Person mit deiner positiven Aktion überrascht und überfordert.

Die Reaktion des Empfängers hat keinen Einfluss auf deine Intention. Selbst wenn überhaupt keine Reaktion vom Empfänger kommen sollte, kannst du das respektvoll akzeptieren für dich feststellen, dass du Positives in die Welt gebracht hast. Es geht nicht um die Rückmeldung, sondern um die positive Veränderung.

Mach anderen eine Freude – Zusammenfassung

Anderen etwas Gutes tun, um selbst davon zu profitieren. Ich wende dieses Konzept erfolgreich an. An meinen schlechten Tagen spende ich an wohltätige Organisationen oder helfe bewusst anderen Menschen. Dadurch geht es mir schnell besser.

Über Positives zu sprechen, scheint einem Erziehungskonzept zu widersprechen. Doch genau durch die Offenheit hat die Positivität die Chance, deine Mitmenschen zu erreichen und sich leichter zu verbreiten. Du solltest bei all deiner Positivität immer nur deine Wirkung im Fokus behalten. Die Erwartung von Dankbarkeit und Revanche wird den positiven Effekt zerstören. Genieß den Erfolg deiner Aktion ohne daran geknüpfte Erwartungen.

9. Feier deine Misserfolge

Es gibt das Sprichwort »Man kann nicht nicht kommunizieren« von Paul Watzlawick, welches auf wunderbare Art und Weise beschreibt, dass ein Schweigen ein Element und Signal in der Kommunikation ist. Genauso verhält es sich mit Entscheidungen. »Man kann nicht nicht entscheiden.«

Wenn jemand statt Sport zu machen auf dem Sofa liegen bleibt, ist die implizite Entscheidung bereits getroffen, selbst wenn sie noch nicht kommuniziert ist und diese Person sich selbst noch nicht eingesteht, dass die Entscheidung getroffen wurde.

Wir treffen jeden Tag unendliche viele kleine Entscheidungen, viele unbewusst. Einige dieser Entscheidungen sind Nicht-Entscheidungen, denn wir schieben die eigentliche Entscheidung noch ein wenig in die Zukunft. Jeder Mensch trifft seine Entscheidungen in einer Art und Weise, die für ihn die beste Handlungsoption darstellt. Niemand würde eine Entscheidung treffen, welche die zweitbeste Option beschreibt. Natürlich treffen wir oft Entscheidungen, bei denen wir das Wohl anderer Mitmenschen mit in unsere Entscheidungsmenge einbeziehen. In Summe ist diese Entscheidung, die wir treffen, die für uns selbst insgesamt betrachtet beste Option. Es ist logisch, dass es besser ist, mehrere Optionen zur Auswahl zu haben. Wenn ich mit dem Auto unterwegs bin, eine Reifenpanne passiert, ist es besser für mein Vorankommen, wenn ich ein Ersatzrad dabeihabe, ins Begleitfahrzeug steigen könnte oder mich der Hubschrauber zum nächsten Dorf bringen kann. Ähnliches gilt für unser Leben.

Es gibt Menschen, die immer einen Plan haben und diesen dann stringent verfolgen. Sie haben eine Erwartung an sich selbst und die Umwelt formuliert und sich dann bereitgelegt, wie sie diese Situation meistern werden. Diese erst gedankliche und später dann generelle Vorbereitung hat viele Vorteile. Sie wird dann zum Nachteil, wenn nicht mehr auf Veränderungen reagiert werden kann. In unserem Beispiel würde ich bei einer Reifenpanne am Steuer sitzen bleiben und darauf beharren, direkt weiterfahren zu wollen. Es ist nur bei wenigen Überraschungen sinnvoll und gut, am ursprünglichen Plan festhalten zu wollen.

Wahr ist, was du *wahr*nimmst

Eine Coach-Kollegin von mir, Leonie C. Michaelis, prägte einmal folgenden Satz: »Sei nie planlos, aber lass den Plan los!«

Die Vorbereitung durch die Planung ist absolut wertvoll und liefert positive neue Aspekte. Die Kunst ist immer, ein gewisses Maß an Offenheit für Veränderung beizubehalten, um dann in einer neuen Situation flexibel reagieren zu können. Dazu hilft Positivität enorm.

»Mein ursprünglicher Plan war gut, was kann ich jetzt tun, um das Beste aus der neuen Situation zu machen?«
»Mein bisheriger Plan funktioniert nicht mehr, was muss ich ändern, um dennoch an mein Ziel zu kommen?«
»Wie kann ich meine Fähigkeiten und Talente anders als bisher zum Einsatz bringen, um das Ziel, auf das ich mich wirklich freue, auf anderem Wege zu erreichen?«
»Welche neuen Handlungsoptionen entstehen durch die neue Situation?«

Sei nie planlos, aber lass den Plan los!

[Leonie C. Michaelis, Coach]

Die Kunst an dieser Stelle ist, die positive Chance, die durch die neue Situation entsteht, im Blick zu behalten. Je flexibler ich auf neue Situationen reagieren und je positiver ich auf die Veränderung einwirken kann, umso mehr Freude werde ich an Veränderung haben.

Im Neurolinguistischen Programmieren (NLP) gibt es die Grundannahme: Der Flexiblere führt!

Jemand, der nicht in der Lage ist, sich neue Handlungsoptionen zu schaffen, oder der die neuen Handlungsoptionen nur mit Widerstand befolgen kann, wird langfristig hinter jemandem zurückfallen, der mit Freude und Energie die neuen Wege verfolgt, die er selbst gefunden und erschaffen hat. Ich ertappe mich selbst dabei, wie ich »Weiß ich nicht!« antworten möchte, um in der faulen Passivität bleiben zu können. Nur: Diese Antwort hilft niemandem und schadet mir selbst. Genau wie bei der Positivität ist hier die Anzahl der Optionen wertvoller als die Qualität der Einzeloptionen. Es ist einfacher, aus zehn unreifen Ideen eine zu finden, die mein Problem lösen könnte, als aus drei Ideen guter Qualität, die lange zum Ausfeilen brauchen. Es gilt, die Menge der Optionen zu steigern und dann durch Ausprobieren jene zu verfeinern, die zum Problem passen.

Was könnte ich noch tun?
Womit rechnet in dieser Situation niemand?
Was würde YXZ tun?

Derlei Fragen bringen neue Ideen und Richtungen.

»Man darf sich nie mit der ersten Antwort zufriedengeben. Immer noch einmal nachsetzen. Immer die Sache noch einmal konstruktiv infrage stellen.« (Werner 2021: 30) Dieser Gedanke sorgt dafür, dass die Qualität der Entscheidung nicht leidet.

Du kannst dich selbst immer wieder fragen:
»Was könnte ich jetzt anders machen und welchen Mehrwert würde das liefern?«
»Bringt mich der bisherige Plan wirklich in die richtige Richtung?«
»Welcher Weg zum Ziel würde mir mehr Freude bereiten?«

Dadurch kannst du leicht üben, immer neue Optionen zu schaffen und diese zu vertiefen. Damit schaffst du nicht nur viele Optionen und Flexibilität für deine Entscheidungen. Die Folgen deiner Entscheidungen werden dir immer klarer. Mehr gute Optionen vor der Entscheidung führen zu besseren Ergebnissen nach den Entscheidungen. Mit etwas Übung findest du sehr leicht Optionen in scheinbar ausweglosen Situationen – selbst wenn diese anfangs ein wenig verrückt anmuten.

Resilienz oder Steh-auf-Männchen

Ich will die Gedanken aus den vergangenen Kapiteln zusammenführen.

- Du darfst bewusst wahrnehmen, achtsam dafür sein, was dir emotional begegnet und wie es dich beeinflusst. Je positiver deine Erwartung dabei ist, je offener du auf Gutes achtest, umso mehr Gutes wirst du finden.
- Du darfst gute Dinge als gut wahrnehmen. Du musst nicht vergleichen, ob es noch besser gegangen wäre, sondern Dinge, die gut sind, sind gut. Das reicht.
- Du darfst für alle Dinge, Menschen und Umstände, die dir Freude machen, dankbar sein. Diese Dankbarkeit zum Ausdruck zu bringen ist gut für dich und den jeweiligen Empfänger.
- Deine Dankbarkeit setzt sich möglicherweise und ohne dein Zutun in einem Welleneffekt fort, sodass du mit einem winzigen Dankbarkeitsimpuls eine große Veränderung in deinem Umfeld startest, die möglicherweise wieder auf dich zurückfällt.

- Besonders spürbar wird dieser Effekt der Freude und der Positivität, wenn du selbst aktiv bist. Du spürst deine Wirkung, erhältst Dank dafür und bist dir selbst dankbar für die von dir aktiv umgesetzten Aktionen. Dabei ist es egal, wie klein die Aktionen waren. Sie wurden von dir initiiert und umgesetzt. Das zählt.
- Jemand anderem etwas Gutes zu tun, hilft. Dir. Immer und immer wieder. Es gibt unendlich viele Wege, dir selbst und jemand anderem etwas Gutes zu tun. Ein Lächeln, ein nettes Wort oder eine kleine Spende an eine wohltätige Organisation.
- Deine Sprache hilft dir und anderen. Durch deine Sprache wirkst du in deine Umwelt und mit deiner Sprache interagierst du mit dir selbst. Du darfst hier freundlicher und positiver mit dir selbst sein.
- Deine Einschätzung zählt. Wenn du etwas positiv wahrnimmst, ist das positiv. Es ist kein weiterer Vergleich notwendig.
- Jede Kleinigkeit zählt. Wenn du es wahrnimmst, wirkt es auf dich.

Du siehst, wir haben viele Kleinigkeiten entdeckt, die für positive Veränderungen auf deinem Positivitätskonto sorgen können. Natürlich gibt es negative Überraschungen, schlechte Nachrichten und Dinge in unserem Leben, die erst mal einen eher negativen Eindruck bei uns machen. Es gibt in all diesen Situationen immer Dinge, die du selbst beachten und zur Wirkung bringen kannst.

Resilienz

Durch viele kleine Aktionen, Veränderungen und Entscheidungen baust du eine positive Resilienz auf. Negative Dinge können dich nicht mehr aus der Ruhe bringen, dein Fokus auf die schönen Dinge wird immer mehr Störungen standhalten.

An meinem Arbeitsplatz hängt eine Postkarte: »Hinfallen, aufrichten, Krone zurechtrücken, weitergehen«, die mich immer wieder an die Resilienz erinnert. Eine negative Erfahrung wird durch Positivität und Resilienz nicht ausradiert. Ich bin sicher, dass du gute Aspekte finden kannst, deine Wahrnehmung steuern kannst, um Lichtblicke finden zu können, um selbst aus der Problemsituation herauszufinden.

Egal, wie oft du einen sportlichen Ablauf trainierst, egal, wie häufig du in der Zielzeit über die Ziellinie rennst ..., es bleibt die Möglichkeit, dass in der Wettkampfsituation irgendetwas nicht passt und du nicht als Sieger auf das Treppchen gehst. Vor einer Niederlage kann dich Positivität nicht schützen. Positivität kann dir zeigen, wie du glücklich und fröhlich mit dem vierten Platz zurechtkommst.

Es ist gerade bei negativen Erinnerungen unsere Entscheidung

Ich war auf der Beerdigung meiner Tante, alle Menschen in Schwarz gekleidet. Traurige, bedrückte Stimmung. Die Verwandtschaft kam zusammen, um den Verlust meiner Tante zu betrauern. Mich hat ein Gedanke nicht losgelassen: Wieso erinnern wir uns nicht an die schönen, lustigen, flapsigen, ruhigen, schönen und freundlichen Momente, die wir mit meiner Tante erlebt haben?

Statt eines schwarzen Anzugs oder Kleids könnte jeder Trauergast ein Foto oder eine kurze Geschichte mitbringen, an der Wand mit den anderen Gästen teilen und die Gäste würden sich vor Lachen in den Armen liegen. Ich kann damit den Tod meiner Tante nicht auflösen, sie nicht wiederbeleben ... Doch kann ich damit die gute Zeit, die wir gemeinsam hatten, in meiner Erinnerung wieder mit Leben füllen. Damit bekommt meine Trauer eine positive Komponente. Der Tod gehört unausweichlich zu unserem Leben.

Wenn ich bewusst Erinnerungen sammle und nutze, wenn ich Resilienz aufgebaut habe, bin ich in der Lage, für mich und andere eine Situation zu schaffen, in der sogar der Tod etwas von seiner Negativität verliert. Der Fokus auf die positiven Aspekte ist manchmal anstrengend, fordert Energie. Genau hier kommt der Resilienz-Begriff ins Spiel: Die Störungen und Irritationen von außen können dich nicht mehr grundsätzlich erschüttern. Dein Kern ist grundsätzlich positiv aufgeladen und die negativen Ereignisse stören dich nicht in deiner grundsätzlichen Handlungsfähigkeit.

Ich möchte hier noch mal klar darstellen, dass Positivität bei gesunden Menschen wirkt. Menschen, die krank sind, vielleicht an Depressionen leiden, brauchen Hilfe. Ja, Positivität kann da eine kleine Komponente auf der Reise zur persönlichen Gesundheit sein und bettet sich dann in eine betreute Behandlung von Psychologen oder Psychotherapeuten ein. Es ist völlig in Ordnung, nach Hilfe zu fragen und diese dann in Anspruch zu nehmen.

Resilienz bereitet uns besser auf Überraschungen vor

Insgesamt geht es darum, dass wir mit den Stolpersteinen des Lebens entspannt und in die Zukunft gerichtet umgehen. Damit wird der Stolperstein nicht kleiner, sondern wir bleiben wendiger und handlungsfähiger. Die gesteigerte Resilienz dämpft unseren Sturz und wir fallen nicht so tief. Wir können leichter wieder aufstehen und weiterlaufen. Dank der Positivität wirst du in deutlich mehr Situationen Aspekte finden, die du angehen und umsetzen kannst, das führt in früher eher ausweglosen Situationen zu kleinen Erfolgserlebnissen. Dich kann nichts mehr aus der Handlungsfähigkeit bringen, du kannst deutlich besser mit Überraschungen umgehen. Schnell wird deutlich, dass es sich hier um eine Aufwärtsspirale handelt.

Auch schlechte Entscheidungen sind gut

Ich kann mich an viele kleine Ärgernisse erinnern, die ich erleben durfte, die im Nachhinein immer wieder erzählt wurden. Mit dem Auto im Schnee stecken bleiben und von freundlichen Treckerfahrern gerettet werden, Studentenpartys, auf denen Nudeln neben die Schüsseln geschüttet wurden, viele Kleinigkeiten, über die man sich hätte aufregen können oder schmunzeln und als schöne und lustige Erinnerung speichern.

In meinem Büro hängt ein Schild: »Bad choices make good stories«, was so viel wie »Schlechte Entscheidungen sorgen für gute Geschichten« bedeutet. Vielleicht sind es genau die Geschichten, in denen wir uns nicht so schlau angestellt haben, tollpatschig waren, die uns sympathisch und attraktiv machen. Aus dieser Perspektive kannst du über dich selbst lachen und das macht dein Leben schöner. Eine Entscheidung, dein Fokus.

Eine kleine positive Wahrnehmung steigert deine Stimmung. Diese Verbesserung der Stimmung führt zu besserer Interaktion mit deinem Umfeld. Es ist wahrscheinlicher, dass daraus wieder positive Eindrücke für dich und dein Umfeld entstehen. Du kannst durch die initiale aktive Handlung, die winzig klein sein kann, einen Effekt lostreten, der dich lange und positiv begleitet. Eine Aufwärtsspirale. Wie gesagt, nennt Barabara Frederickson diesen Effekt »Broaden and Build« (Fredrickson 2011: 42). Du siehst mehr Positives (das ist deine aktive Entscheidung!), dadurch ändert sich deine Perspektive und dein Handeln, das führt zu noch mehr positiven Eindrücken und zu noch mehr positiven Handlungen. Positiv wirkt!

Wenn du das nächste Mal mit einer unvorhergesehenen Situation konfrontiert wirst, halte kurz inne. Dann finde eine kleine Sache, die sich zum Positiven geändert hat, oder eine Chance, die in der Veränderung steckt. Dann behalte die Kontrolle über deine Stimmung und Haltung. Damit wird die Situation erst mal nicht leichter. Du verhinderst aktiv, dass du in eine Opferhaltung

BAD
CHOICES
make
GOOD
STORIES

fällst und dich steuern lässt. Wenn du Hilfe holst/suchst, bist du aktiv und behältst die Kontrolle. Passivität wäre das Problem.

Herausforderungen helfen dir

Egal ob als Team oder als Einzelperson, wir definieren einen bestimmten Teil unserer Identität über die Probleme, die wir lösen konnten und die Herausforderungen, die wir überwunden haben. Unsere komplette Sportkultur, würden wir mal kurz den Faktor Geld und Wirtschaft ausblenden, baut genau auf dieser Komponente auf.

Es geht darum, sich immer größer werdenden Herausforderungen zu stellen. Da das Überwinden von Hindernissen, Problemen und Gegnern ein direktes Erfolgserlebnis darstellt, führt es zu Selbstwirksamkeit. Das heißt, wir gewöhnen uns daran, uns selbst Herausforderungen zu stellen, die wir dann überwinden. Die kleinen Probleme, die wir zum Einstieg in ein neues Themengebiet überwinden mussten, werden schnell langweilig und als Selbstverständlichkeit wahrgenommen. Nur noch große Herausforderungen machen uns stolz. Das könnte man als die Schattenseite der Resilienz bezeichnen. Auf der Sonnenseite schenkt uns das Gefühl, dass wir Probleme lösen konnten, die Sicherheit, dass wir Probleme lösen werden. Dieser Umstand wird als Resilienz bezeichnet. Genau wie sportliche Herausforderungen helfen dir Selbstwirksamkeit und Dankbarkeit, Resilienz zu entwickeln.

Um die gleiche Wirkung, das gleiche Erfolgsgefühl bei sportlichen Herausforderungen zu erleben, müssen wir unsere Ziele immer höher stecken. Der wichtige Moment in diesem Wettlauf ist derjenige, in dem du dir klarmachst, dass vieles von dem, was du jetzt zu leisten in der Lage bist, früher noch als unerreichbar galt.

Genau wie die Gladiatoren im alten Rom sich weigerten, gegen offensichtlich schwächere Gegner anzutreten, da die Herausforderung ihrer nicht würdig war, weigern wir uns, uns mit Kleinigkeiten rumzuschlagen, selbst wenn diese früher einmal eine Herausforderung gewesen sein mögen. Es gilt im Umgang mit Herausforderungen Maß zu halten. Anzuerkennen, was in der Vergangenheit bereits erreicht wurde, um daraus Resilienz aufzubauen. Sich immer wieder aufs Neue zu fordern, um nicht in Stillstand zu geraten, in dem existierende Grenzen als unterschiedlich und starr gelten. Dieses zu erreichen, ohne dabei in den immerwährenden Sog von immer höher, schneller, weiter zu gelangen – eine schwierige, erreichbare Herausforderung, wenn du deine Erfolge feierst. Mit der Kombination aus einer positiven Haltung, bewusstem Umgang mit Negativität, der aktiven Dankbarkeit und der daraus resultierenden Resilienz kannst du loslegen.

Feier deine Misserfolge – Zusammenfassung

Mit wem würdest du lieber in See stechen: mit einem Kapitänneuling, frisch von der Schule, oder einem erfahrenen Kapitän? Wir würden uns wohl alle für den erfahrenen Kapitän entscheiden.

Die überwundenen Probleme der Vergangenheit machen uns handlungsfähiger und geben uns Handlungsoptionen ..., nur in der nahen Zukunft erscheinen Probleme kurz negativ. Jeder Misserfolg, den du überwindest, baut deine Resilienz weiter auf. Du wirst immer entspannter in deine Zukunft schauen. Wie bereits mehrfach erwähnt, ist es deine Entscheidung, ob du dich aufregst oder für dich einen Weg findest, etwas Konkretes aus der Situation zu lernen oder einen unerwarteten positiven Aspekt zu genießen. Du darfst entspannt in die Vergangenheit blicken. Sie hat dich auf deine bestmögliche Zukunft vorbereitet. Jetzt geht's darum, in Führung zu gehen.

10. Gehe in Führung

Oft wird in Politik und Gesellschaft auf die da oben geschimpft. Wenn das im Rahmen eines sinnvollen demokratischen Dialogs stattfindet, spricht da überhaupt nichts dagegen. Ich habe recht früh auf meiner Reise zur Positivität gemerkt, dass mich nur wenig mehr ärgert als Menschen, die eine bestimmte Führungsebene kritisieren und dabei selbst nichts tun. Kommt dir bekannt vor? Positiv wirkt? Nimm die Verantwortung selbst in die Hand und werde aktiv.

Auf den nächsten Seiten kannst du erfahren, warum positive (Selbst-)Führung wichtig ist. Wie sich das auf deine Mitmenschen auswirkt und wie du mit dir selbst wirkungsvolle Verträge schließen kannst.

»Gehe in Führung« als Angebot

Nachdem wir jetzt immer wieder darüber gesprochen haben, dass Positivität nur was für die eigene Nase ist, sollst du dennoch in Führung gehen? Wie passt das zusammen? Führung im klassischen Sinne kennen wir unter anderem aus Beruf und Arbeit. Hier geht jemand mit mehr Erfahrung oder Befugnissen voraus und sagt uns, was wir zu tun haben. Führung ist in gleicher

Weise, dass jemand, dem wir vertrauen, der eine gewissen Ausstrahlung hat, vorausgeht und wir ihm aus freien Stücken folgen.

Du hast die ersten neun Schritte der Positiv-wirkt-Sofortstart-Anleitung abgeschlossen. Du hast deine Welt bewusster im Blick, hast Verantwortung für dich und deine Handlungen übernommen, hast Dankbarkeit für dich genutzt und aktiv in deiner Umwelt eingesetzt. Du hast dich mit deinen Aktionen und deiner Art zu sprechen ab und an für Positives eingesetzt. Für all die Dinge, die um dich herum passiert sind, warst du dankbar und hast deinen Dank ausgedrückt. Du und deine Mitmenschen hatten mehr Spaß und ihr seid sogar mit Rückschlägen besser umgegangen.

Stell dir mal vor, wie diese Person auf andere wirkt?
Natürlich will man dir folgen, natürlich erscheinst du wie ein Vorbild. Dinge, die du mittlerweile natürlich mit positiver Perspektive machst, sorgen dafür, dass andere Menschen in deine Richtung wollen. Das tun sie, ohne dass du sie zwingst. Sie wollen dir folgen oder dich nachahmen, weil es Aspekte in deinem Leben gibt, die sinnvoll, wirksam und positiv sind. Du musst nicht durch Anweisung, Druck, Vertrag oder Geld führen. Du kannst in deinem Umfeld für Positivität, Respekt und Erfolg stehen und die Menschen selbst entscheiden lassen, wer sie führt.

Ich will im Folgenden kurz vier Aspekte von Führung beleuchten.

Bewegung
Führung funktioniert nur in Bewegung. Sich umzuschauen und stehen zu bleiben, ist bestenfalls Orientierung. Wie du längst weißt, kannst du dein Umfeld selbst gestalten, indem du Veränderung vorantreibst. Damit bist du in Bewegung. Genieß die kleinen Erfolge und schau ab und an zurück, sodass du genau im Blick hast, wofür du dir selbst dankbar sein darfst. Ich bin sicher, da sind ein paar anstrengende Tage auf der Reise zu erkennen. Halte durch!

Zutrauen

»Zutrauen« beschreibt das Gefühl, dass eine Person oder wir selbst das Ziel erreichen kann/können. Wir trauen dieser Person oder uns selbst die Herausforderung zu.

Wie du mittlerweile weißt, geht es nicht darum, sich die großen Dinge zuzutrauen, sondern du darfst leicht und einfach mit den kleinen Dingen anfangen. Die darfst du dir und anderen zutrauen und die ersten Erfolge einsammeln. Da ich immer einen Zutrauensvorschuss gewähre, stoße ich immer wieder auf Menschen, die über sich selbst hinauswachsen: »Deshalb vielen Dank für deine Vorträge, deine cleveren Fragen und deine Gabe, deinem Gegenüber zu zeigen, dass es selbst seinen Wert definiert und die meisten Antworten bereits kennt.« (Mitarbeiter bei einer Kundenfirma) Durch bestätigtes Zutrauen gewinnst du Vertrauen in dich selbst und andere.

Vertrauen

Vertrauen ist nichts anderes als das Erfahrungswissen, dass die Person in der Vergangenheit die Ziele erreichen konnte. Ich werde oft gefragt, wie man Selbstvertrauen aufbauen kann. Ein guter Start ist es, sich selbst etwas zuzutrauen, sich dann zu trauen und sich das Zutrauen auszusprechen. Es gibt kein Selbst*ver*trauen ohne Selbst*zu*trauen.

Verantwortung

Wie sich das anfühlt, für dich selbst Verantwortung zu tragen, weißt du. Sobald du in einer führenden Position bist, was nicht zwangsläufig eine Führungsposition sein muss, wirst du merken, dass diese Verantwortung noch um weitere Facetten erweitert wird. Plötzlich willst du die Gruppe zusammenhalten, die Schwachen entwickeln und für alle Beteiligten einen Rahmen schaffen. Das ist normal und gut.

Führung ist nur dann legitim, wenn sie zur Selbstführung führt.

[Götz W. Werner, 1944-2022,
Gründer von dm-Drogeriemarkt]

Was bedeuten diese vier Aspekte für die eigene Führung, die Selbstführung? Achte gerade in problematischen Situationen darauf, in Bewegung zu bleiben, dir selbst etwas zuzutrauen und dein Selbstvertrauen im Blick zu behalten. So kannst du leicht Verantwortung übernehmen.

Ich will hier eine persönliche Geschichte einbauen, um diesen Zusammenhang zu veranschaulichen. Meine Familie war 2022 zum ersten Mal mit einem Klassenkameraden meines Sohns im Skiurlaub. Mitten in der Woche des Skiurlaubs ist es passiert. Der Klassenkamerad ist gestürzt und mit dem Rettungshubschrauber von der Piste in die Klinik gebracht worden. Dort wurde er vierundzwanzig Stunden beobachtet und hat dann die Klinik unversehrt verlassen. Natürlich haben sich alle Mitglieder der Reisegruppe große Sorgen gemacht. Die ersten Stunden waren purer Stress und der Urlaub drohte stimmungsmäßig zu kippen.

Ich habe bewusst versucht, positive Aspekte in dieser Story zu finden. Dass beim Skifahren jemand stürzt, ist kaum zu verhindern. Es waren sofort Erwachsene und medizinisch ausgebildete Personen an der Unfallstelle, direkt wurde ein Notruf abgesetzt. In kurzer Zeit waren Mitarbeiter der Bergwacht vor Ort, die die weitere Rettung koordiniert haben. Der Rettungshubschrauber war zufällig im gleichen Skigebiet vor Ort und so hat die gesamte Rettung nur insgesamt zehn Minuten gedauert. In der Klinik wurden sofort alle notwendigen Untersuchungen durchgeführt und zeigten keinen weiteren Befund. Ich lenkte meine Aufmerksamkeit immer wieder auf diese fast perfekte Rettungskette vom Unfallort bis auf den Behandlungstisch in der nächsten Klinik. Perfekter Ablauf für die Sicherstellung der Gesundheit des Verunfallten. (An dieser Stelle ein großes Dankeschön an alle Freiwilligen Feuerwehren, Rettungsdienste, Bergwachten, Hilfswerke jeder Art! Danke für das wunderbar sichere Gefühl, sich auf euch verlassen zu können!) Jede Stelle dieser Rettungskette hat bestmöglich funktioniert. Dafür habe ich immer wieder meine Dankbarkeit zum Ausdruck gebracht. Leider blieben Kopfschmerzen, der Unfall selbst und der Schreck, den wir alle verdauen mussten. Der Fokus auf die positiven Aspekte sorgt für eine ausgeglichene Perspektive, auf eine hoffnungsvollere Sicht in die Zukunft.

Als wir den Eltern kurz nach dem Unfall beichteten, was mit ihrem Kind passiert war, haben diese nur mit »Offensichtlich habt ihr alles in eurer Macht Stehende getan!« geantwortet.

Ja, ich war aufgeregt und ängstlich, ob unserem Mitreisenden Schlimmeres erspart bleiben würde. Mit der gleichen Energie, mit der wie ich die schlimmen Dinge in den Mittelpunkt rücken kann, kann ich die guten Dinge in den Mittelpunkt rücken und damit für Hoffnung, Dankbarkeit und Positivität eintreten. Heute lachen wir alle über diese Geschichte. Der junge Herr hatte nicht nur viel Glück, sondern den Geschwindigkeitstracker im Smartphone während des Fluges aktiviert. Laut diesem Tracker ist er mit zweihundertfünfundvierzig Stundenkilometern die Piste runter, ich denke, das wird lange unerreicht bleiben. ;-) Am Abend, als das Kind abgeholt wurde, haben wir noch zusammen gegessen und ich konnte es mir nicht verkneifen, einen kleinen Modellhubschrauber zu kaufen und diesen feierlich zu überreichen. Dies trug ebenfalls dazu bei, dass wir alle diese spannenden Tage mit positiven Eindrücken verknüpfen und mit einem Lachen abschließen konnten.

Bei Situationen, in denen andere Menschen in Gefahr sind, ist die Gefahr, in Panik zu verfallen, sehr groß. Genau hier hilft es, den Rettungskräften die Rettung zuzutrauen. In Bewegung zu bleiben und alles zu tun, was man selbst noch beitragen kann (zum Beispiel Unterlagen in die Klinik fahren, Informationen einholen und verteilen, ...), und dann auf die bisherigen Aktionen und Entscheidungen zu vertrauen. Irgendwann können wir nichts mehr tun, dann dürfen wir für uns selbst entscheiden, dass wir unserer Verantwortung nachgekommen sind. Das hilft enorm gegen Panik und Angst.

Selbstführung ist die bewusste Entscheidung, positive wie negative Aspekte wahrzunehmen, zu bewerten und die eigenen Handlungen dementsprechend auszurichten. Natürlich bin ich dann für meine eigenen Handlungen verantwortlich.

Meine Großmutter Luise hat immer wieder das Motto »Hilf dir selbst, dann hilft dir Gott!« verbreitet. Ohne es zu wissen, hat sie damit ihre Resilienz, ihre Selbstwirksamkeit und ihre Selbstführung bestärkt. Ich bin sicher, dass meine Oma, die den Zweiten Weltkrieg als junge Erwachsene erlebt hat, einige Situationen erlebt hat, in denen sie hätte aufgeben können. Dieses Motto hat sie bis ins sehr hohe Alter selbstständig und handlungsfähig gemacht.

Die Kunst ist, in Bewegung zu bleiben, mit den Rückschlägen, Irrungen, Wirrungen und Problemen nicht die Zuversicht zu verlieren und dann die Positivität zur Wirkung zu bringen. So erreichst du deine Ziele und hast sogar noch richtig viel Spaß dabei.

Verbindlichkeit schafft Rückmeldung

Ein wichtiges Werkzeug, um Selbstführung und Führung zu stiften, ist Verbindlichkeit. Sozusagen die messbare Orientierung, die Ausrichtung auf dein Ziel hin. Wir wollen wissen, wozu wir die Misserfolge auf dem Weg hin zum Ziel in Kauf nehmen. Wir wollen wissen, wozu wir uns anstrengen. Als wir als Kinder versucht haben, gehen zu lernen, war unser Leben mit Niederlagen (wir haben uns niedergelegt) durchsetzt.

Das ist gut für dein Weiterkommen als Mensch. Es lehrt dich, dass der aktuelle Weg, die Herausforderung anzugehen, noch nicht gut genug funktioniert. Du darfst nach der Niederlage weitere Optionen schaffen, um mehr Handlungsmöglichkeiten zu haben. Diese führen dann zum Erfolg und langfristig zum Erreichen des Ziels. Eine weitere wichtige Eigenschaft hat die Niederlage. Sie stachelt unseren Ehrgeiz an. Wir stellen uns dieser Herausforderung und es

Hilf dir selbst,
dann hilft dir Gott!

[Oma Luise]

erfüllt uns und die Menschen um uns herum, wenn wir die Herausforderung meistern. Das gilt für Eltern, Fußballklubs, Sportvereine und Organisationen jeder Art.

Wozu Verbindlichkeit?

Nehmen wir an, du würdest Weitsprung üben wollen. Du übst Anlauf, holst dir Tipps vom Trainer und bald ist deine Weite auf drei Meter angewachsen. Aus welchem Grund auch immer schaffst du es nicht, die Drei-Meter-Marke zu überspringen ..., du trainierst und trainierst und trainierst. Bei einem der nächsten Versuche gelingt es dir, die Drei-Meter-Weite zu überspringen. Welche Gedanken kommen dir als Sportler sofort in den Sinn?

1. Hurra, ich habe es geschafft!
2. Wie kann ich 3,02 Meter schaffen?

Hier hat der sportliche Ehrgeiz übernommen und spornt uns zu immer größeren, schnelleren Leistungen an. Im schlimmsten Fall nimmst du den Erfolg, endlich, nach langen Mühen, die drei Meter übersprungen zu haben, gar nicht wahr.

Im Kapitel »Gut ist gut genug« (Seite 70 ff.) stehen Tipps, wie du den Moment des Erfolgs dennoch wahrnehmen und genießen kannst. Neben der Achtsamkeit und der bewussten Haltung hilft dir ein gesundes Maß an Verbindlichkeit mit dir selbst.

Deine nächste Trainingseinheit startest du mit Fragen wie:
»Wie weit möchte ich springen können, damit das für mich einen Erfolg darstellt?« – »3,05 Meter.«
»Wozu ist mir dieser Erfolg wichtig?« – »Mit 3,05 Metern kann ich an einem bestimmten Wettbewerb teilnehmen.«

»Welche Bestätigung oder wessen Bestätigung möchte ich zu diesem Erfolg haben?« – »Ich will diese Weite bei einem Wettbewerb unter Beweis stellen!«
»Welche positive Veränderung in der Zukunft hängt für mich an diesem Ziel?« – »Damit kann ich in der Landesliga trainieren.«

Dass dieser Dialog nur ein Beispiel ist und leicht auf jedes andere Ziel in deinem Leben angewendet werden kann, ist offensichtlich. Ich mache hier noch ein Beispiel aus dem Büroalltag:
»Wie tief möchte ich mich in die Tabellenkalkulation einarbeiten?« – »Ich möchte in der Lage sein, die Monatsbilanz selbstständig anlegen und vollständige Formeln automatisieren zu können.«
»Wozu ist mir dieser Erfolg wichtig?« – »Damit kann ich eine volle Vertretung von meiner Kollegin/meinem Kollegen übernehmen.«
»Welche Bestätigung oder wessen Bestätigung möchte ich zu diesem Erfolg haben?« – »Ich will meine Kalkulation mit meinem Kollegen durchsprechen und auf Fehler und Vollständigkeit überprüfen.«
»Welche positive Veränderung in der Zukunft hängt für mich an diesem Ziel?« – »Das war ein vereinbartes Ziel im Rahmen meiner Einarbeitung in diesem Job. Damit ist die Einarbeitung abgeschlossen.«
»Welche negative Veränderung in der Zukunft steht mit diesem Ziel in Verbindung?« – »Ich muss wohl öfter eine Tabellenkalkulation für die Kolleg(inn)en machen!«

Etwas abstrakter formuliert, lauten die Fragen:
»Was genau ist mein Ziel?«
»Wozu ist mir dieses Ziel wichtig?«
»Wie stelle ich die Erreichung des Ziels fest?«
»Welche positive Wirkung wird das Erreichen des Ziels in meinem Leben haben?«
»Welche negative Wirkung wird das Erreichen des Ziels in meinem Leben haben?«

Wenn die letzten beiden Antworten zeigen, dass es besser wäre, das Ziel nicht zu erreichen, entscheidest du dich unterbewusst dazu, es nicht zu erreichen. Sich das bewusst zu machen, hilft sehr, um aktiv mit der Zielsetzung umzugehen.

Sollte ich mit einer Erkältung zu Hause liegen, kümmert sich meine Frau noch rührender um mich, als sie das sonst schon tut. Ich werde mehrmals am Tag gefragt, wie es mir geht. Ich darf in Ruhe lesen, Computer spielen und Videos gucken, nur um schnell wieder gesund zu werden. Dann überwiegen die Vorteile der Erkältung gegenüber der Gesundheit und mein Unterbewusstsein sorgt dafür, dass ich möglichst lange erkältet bleibe. Genau um dieser Gefahr zu begegnen, willst du den gesamten Kontext des Ziels für dich transparent machen. Du schließt einen Vertrag mit dir selbst. Du legst fest, wozu das Ziel wertvoll ist. Damit schaffst du konkrete Messpunkte, um dich für deine Arbeit, dein Durchhaltevermögen und deine Weiterentwicklung wertzuschätzen. Der ideale Platz für solche Verträge mit dir selbst ist dein Journal. Grundsätzlich ist es empfehlenswert, diese Verträge schriftlich festzuhalten. Dort kannst du die Ziele für dich sammeln und Dinge dokumentieren, die dir beim Erreichen deines Zieles aufgefallen sind. Dir ist bewusst, dass der Fokus auf wenige Ziele, die für dich Bedeutung und Wert haben, dabei hilft, diese dann zu erreichen.

Einen weiteren großen Nutzen kannst du aus dem Vertrag mit dir selbst ziehen. Ich begegne immer wieder Menschen, die im Beruf, für die Familie, im Sport immer wieder Höchstleistungen erbringen und selbst nicht mehr innehalten und den Erfolg feiern. Am Anfang dieser Sucht nach schneller, höher, weiter ist das kein Problem, weil diese Personen nach außen immer leistungsfähiger wirken. Leider braut sich im Inneren ein Sturm zusammen.

Egal, wie schnell, wirksam oder effizient wir arbeiten, wenn wir den Sinn verlieren oder den Fortschritt für uns selbst nicht mehr spüren, fühlen wir uns wie in einem Hamsterrad. Das heißt, wir arbeiten erfolgreich, doch der Erfolg erreicht uns selbst emotional nicht. Die Folgen sind Frust, hochfunktionale Depression oder Burn-out. Solche Menschen arbeiten, funktionieren und wenn niemand zuschaut, fallen sie in sich zusammen. Der Sinn der Arbeit, die Rückmeldung auf die Leistung und die Zeit für die Reflexion, ja zum Feiern, hat zu lange gefehlt.

In der Methodenbeschreibung »Dein Weg zum Ziel« (Seite 200 ff.) findest du eine sehr konkrete Anleitung für die Arbeit mit positiven Zielen. So viel an dieser Stelle: Pausen zum Feiern des Erfolges, Zeit für die Reflexion der eigenen Leistung und Dankbarkeit für sich selbst wirken hier Wunder. Die Verträge mit dir selbst, dein Journal und deine Achtsamkeit helfen dir. Mit dem Journal und den Verträgen mit dir selbst schaffst du Klarheit und Motivation, diese Ziele zu verfolgen und zu erreichen, selbst wenn Misserfolge, Fehlversuche oder Ablenkungen auftreten. Das macht dich fokussiert und handlungsfähig. Jetzt kann nach einem bestimmten Ziel einer auslassenden Feier nichts mehr im Wege stehen.

Insgesamt führt gut gemachte Verbindlichkeit dazu, dass du dir selbst und deinen Mitmenschen gegenüber dankbarer sein wirst. Das wird sich deutlich auf eure freundliche und vertrauensvolle Zusammenarbeit auswirken.

Gehe in Führung – Zusammenfassung

Das Kapitel »Gehe in Führung« formuliert einen hohen Anspruch an dich selbst. Du trittst für dich und andere für Positivität ein und machst dich damit ein kleines bisschen angreifbar. Da deine Mitmenschen deine positive Absicht kennen und deine Wirkung dankend wahrnehmen, wird das niemand ausnutzen. Die Menschen werden sich an dir orientieren. Um diesen Prozess zu unterstützen, kannst du offen und transparent mit deinen Zielen umgehen.

Diese Verbindlichkeit wird dir und deinen Mitmenschen bei der Veränderung helfen. Mit der Verbindlichkeit gegenüber dir selbst und anderen hast du das letzte wichtige Thema aus der Positiv-wirkt-Sofortstart-Anleitung in dein Leben integriert. Vielleicht spürst du eine Mischung aus Neugier und Tatendrang. Ich bin sicher, durch das Lesen des Buchs hast du schon einige Dinge geändert oder Ideen, die du konkret ausprobieren willst. Viel Spaß dabei!

II.
Warum Positivität?

Immer wieder werde ich gefragt, warum gerade ich mich mit Positivität, Dankbarkeit und deren Wirkung auf Menschen beschäftige. Genau kann ich das nicht sagen, einen Ansatz der Erklärung möchte ich dennoch probieren.

Als ich vierzehn Jahre alt war, radelte ich von meinem Heimatort in die nächste Stadt, um dort ein Mathematikbuch zu kaufen. Das war nicht weiter ungewöhnlich, meine Schule, die ich jeden Morgen mit dem Rad erreichte, war circa zwölf Kilometer weit weg. Doch dieses Mal kam alles ein wenig anders. Was genau passierte, kann ich leider nicht sagen, denn meine Erinnerungen an den genauen Hergang habe ich verloren.

Meine Erinnerungen beginnen erst wieder, als ich im fünfzig Kilometer entfernten Karlsruhe in der Kinderchirurgie aufwache und wunderbar nette Stationsschwestern meine Versorgung sicherstellen. Begriffe, zu denen ich keinen Bezug hatte, die definitiv an dieser Stelle die Erzählung stützen sollten: Frontalzusammenstoß, Notfallmedizin, Rettungshubschrauber, Neurochirurgie, Koma, Intensivstation, Schädelbruch, Schädelhirntrauma, Hirnschaden, Ausfälle, Epilepsie, Kieferbrüche, Operationen und so weiter.

Ich wachte auf und fand mich in einer anderen Welt. Na ja, das war ab jetzt mein neues Normal. Einige Tage lag ich im Bett und mein Kopf und mein Körper waren fixiert. Die Schädelverletzung war wohl so schwer, die Kieferbrüche so kompliziert, dass man nicht riskieren konnte, dass ich mir selbst Schaden zufüge. Mein Essen bekam ich durch eine Nasensonde, Laufen war nicht möglich, Sprechen auch nicht, ...

Mein Schädel war durch den Unfall eingedrückt worden und meine Gehirnmasse hatte Schaden genommen. Einige Gehirnfunktionen waren gestört, bestimmte Bereiche meines Gehirns vernarbt und zerstört. (Fahrradhelme gab es damals noch nicht oder waren Profiradlern bei der Tour de France vorbehalten.)

Wir springen eine Weile weiter auf der Zeitachse. Mittlerweile kann ich mit dem Rollstuhl auf dem Krankenhausflur rumfahren, kann wieder selbst essen und sprechen. Allen Menschen erzählte ich von meinem neuen Schlagzeug, das zu Hause auf mich wartete. Erzählte von dem Tauchkurs, den ich kurz vor meinem Unfall an meiner Schule gestartet hatte. Damals habe ich noch nicht verstanden, wie schlimm es um mich gestanden hatte, wie wenig Menschen daran glaubten, dass ich jemals wieder ein normales Leben würde führen können.

Aus heutiger Perspektive kann ich verstehen, warum mir niemand irgendwelche Versprechungen und Hoffnungen machen wollte. Damals tanzte ich eine lange Zeit auf Messers Schneide und wusste es nicht. Ich wollte einfach nur nach Hause, an mein Schlagzeug.

Kurz vor meiner Entlassung kam mein behandelnder Chefarzt zu mir. Er sagte mir einen Satz, den ich erst viele Jahre später verstehen konnte: »Armin, du warst immer nur verletzt, nie krank!«

Ich wollte immer wieder zurück aufs Fahrrad, an mein geliebtes Schlagzeug oder einfach nach Hause. Ich habe trotz Gips am Bein an Rollstuhlrennen teilgenommen und trotz mehrerer schwerer Operationen immer daran geglaubt, nach Hause zu kommen. Wenn ich heute auf meine Röntgenbilder schaue und die Schäden an meinem Gehirn betrachte, wird mir klar, wie dankbar ich damals hätte sein sollen. War ich nicht. Denn es war mein normales Leben. Weit weg von einem idealen Leben und doch normal für mich. Es gab damals viele Gutachten, wie lebenswert mein Leben noch sein würde, wie schlimm die Einschränkungen meine Lebensqualität reduzieren würden, ja wie lange ich noch leben würde. Man hat viele Folgeerscheinungen, Einschränkungen und Unmöglichkeiten aufgeführt, um in den Gerichtsverhandlungen einen Wert für mein Leben ermitteln zu können.

Mein Körper hat all diese Veränderungen kompensiert. Wieder Sprechen, Laufen, Riechen gelernt. Das Gehirn hat sich angepasst. Der Körper hat sich angepasst. Einige Tage waren voller Schmerzen, andere voller Verzweiflung und wieder andere voller Angst und Ungewissheit. Heute wissen nur wenige Menschen von meinen Verletzungen, höchstens mein Friseur sieht meine Narben regelmäßig und nur wenige Menschen sprechen mich auf den Unfall an.

Niemand hätte damals geglaubt, dass ich irgendwann ein normales Leben mit Familie, Tauchen, Klettern, Arbeiten würde führen können.

Warum erzähle ich diese Geschichte?
Der Körper, der Geist, der Mensch ist auf Veränderung ausgelegt. Vor fünfzig Jahren hätte niemand geglaubt, dass ein Gehirn sich selbst heilen kann. Heute ist die sogenannte Plastizität des Gehirns in der Medizin bekannt. Im übertragenen Sinne heißt das: Selbst schlimmste Rückschläge oder schlechte Startbedingungen bedeuten nicht zwangsläufig, dass ein fröhliches und erfülltes Leben unmöglich ist.

Ich kenne Menschen, die bei jedem Problem in Passivität und Jammern verfallen, die jede Hoffnung fallen lassen, wenn ein winziges Problem auftaucht. Diese Menschen scheinen den schlechten Zustand zu akzeptieren, ohne ihn ändern zu wollen.

Wir Menschen dürfen unser Leben in die eigene Hand nehmen. Wir können gestalten, ausprobieren und lernen. Neuer Länder, Menschen und Gesetzmäßigkeiten entdecken. Das wird nicht immer ohne Rückschläge und Schmerzen passieren, am Ende einer beschwerlichen Reise sind wir dennoch stolz auf die Strapazen, Hindernisse, die wir überwunden haben, und freuen uns über die Menschen, denen wir auf der Reise begegnet sind.

Ich könnte viele Beispiele aus meinem eigenen Leben anführen, wo aus einem scheinbaren Rückschlag etwas Wunderbares entstand, wo eine scheinbare Wunschoption Platz gemacht hat für etwas viel Schöneres.

Du weißt nicht, was kommt. Es gibt keine Chancen ohne Risiko. Es gibt kein Risiko ohne Chance. Du entscheidest, beide Seiten sehen und wahrnehmen zu wollen und zu können. Dadurch gestaltest du aktiv dein Leben mit Positivität. Du baust kleine positive Aspekte in dein Leben ein, dadurch wirst du flexibler, noch positiver und resilienter gegen Negatives.

Wir alle werden krank. Wir alle erleiden Rückschläge. Die Frage ist, wie du dich im Umgang mit Krankheit und Rückschlägen positionieren wirst. Du kannst dich selbst im Angesicht schlimmer Dinge positiv und zukunftsorientiert verhalten und dadurch dein Leben schöner machen.

Das Leben ist für sich selbst und für dich selbst ein Wunder. Dafür darfst du jeden Tag dankbar sein. Daraus erwächst die Verpflichtung, jeden Tag bewusst die Verantwortung für dein Leben zu übernehmen.

Egal, ob wir es »Verantwortung für dich selbst übernehmen« nennen oder »in Selbstführung gehen«, wir alle müssen für uns selbst entscheiden und handeln. Durch Passivität und Abwarten wird die ohnehin stattfindende Veränderung unserer Umwelt zu schnell. Nur durch beherztes und aktives Eingreifen können wir das Morgen gestalten.

Die Ideen und Gedanken aus diesem Buch, genau wie die jetzt folgenden Methoden, werden dir auf der spannenden Reise helfen. Probier es aus! Mach dich auf den Weg und genieße ihn.

Viel Spaß!

III.
Positivitätsmethoden für Einzelpersonen

1. Danke sagen wollen

Wie bereits erwähnt, fängt »Positiv wirkt« bei dir selbst an. Du kannst für dich entscheiden, deine Aufmerksamkeit zu nutzen und damit dein Leben positiver zu gestalten. Hierzu findest du auf den folgenden Seiten Methoden, die du leicht ausprobieren kannst.

Nach all der Theorie und allen Hintergrundinformationen möchtest du mit einem gefahrlosen, einfachen und wirkungsvollen Experiment starten? Dann entscheide dich einfach, am heutigen Tag für drei Dinge dankbar zu sein. Deine bewusste Entscheidung lenkt deine Aufmerksamkeit. Ohne viel Anstrengung werden dir Dinge auffallen, die dir an den vorigen Tagen als Selbstverständlichkeit entgangen wären.

- Vielleicht stellst du fest, dass der Straßenbahnfahrer dich heute sicher ans Ziel gebracht hat.
- Vielleicht siehst du neue Blumen entlang deines Wegs.
- Vielleicht bemerkst du, wie schön es ist, dass du gesund bist.
- Vielleicht empfindest du tiefe Dankbarkeit, weil deine Partnerin beziehungsweise dein Partner sich auf deine Ankunft zu Hause freut.
- Vielleicht spürst du, wie schön das Lachen deines Kindes auf dich wirkt.

Niemand wird von deiner geänderten Wahrnehmung erfahren. Du kannst das jeden Tag aufs Neue ausprobieren und dabei deine eigenen Erfahrungen sammeln.

- Nach wie vielen Tagen bemerkst du einen Anstieg in deiner Stimmung?
- Findest du Dinge, für die du dankbar bist?
- Findest du Menschen, denen du Danke sagen willst?

(Bitte noch nicht Danke sagen, das würde das Experiment verwaschen!)

Eine kleine Besonderheit möchte ich dir noch mitgeben. In der Wettbewerbsdenke würde man wahrscheinlich folgende Fragen stellen:

»Wie schnell hattest du drei Dinge gefunden?«
»Wie viele Dinge kannst du an einem einzigen Tag finden?«
»Welches ist das größte Ding, für das du dankbar bist?«

Darum geht es hier nicht. Versuche ein bis drei Dinge zu finden, die das Gefühl von Dankbarkeit in dir wecken. Genieße dieses Gefühl. Wenn du drei Dinge gefunden hast, kannst du die Zufriedenheit eines schönen Tages in dir wahrnehmen. Kein Wettbewerb, keine Steigerung notwendig. Wie wir im Kapitel »Positiv in der Grammatik« (Seite 97 ff.) gelernt haben, ist positiv für sich eine Festlegung und bedarf keiner Steigerung.

Du kannst gerne beobachten, wie es dir mit diesem kleinen Experiment geht. Ändert sich deine Stimmung? Fällt es dir immer gleich leicht, drei Dinge zu finden? Findest du an einem anstrengenden Tag Dinge, für die du dankbar bist? Wie viel Freude macht es dir, diese Dinge zu finden? Kannst du dich zurückhalten und noch nicht Danke sagen?

Öffne dich für die schönen Dinge im Alltag.
Das Leben ist schön. Sei dankbar!
Positiv wirkt.

2. Danke sagen, und zwar richtig

Danksagen ist leicht. Du hast dieses Können schon lange in dir. Lass uns kurz ein paar Dinge bewusst machen, dann geht's los! Um Danke zu sagen, brauchst du ein Thema und die entsprechende Wirkung, die das Thema auf dich hat.

Du kannst dem Universum dafür danken, dass es dich gibt.
Du kannst dem Landschaftsgärtner dafür danken, dass dir die Blüten ein Lächeln auf das Gesicht zaubern.
Du kannst der Straßenbahnfahrerin dafür danken, dass du dich während der Fahrt sicher gefühlt hast.
Du kannst dem Metzgereimitarbeiter dafür danken, dass du dich durch die gute Dienstleistung wertgeschätzt gefühlt hast.
Du kannst der Stadtverwaltung dafür danken, dass die Mitarbeiter die Straßen sauber halten.
Du kannst dir selbst dafür danken, heute eine Stunde früher von der Arbeit ins Training gegangen zu sein.

1. Wofür bist du dankbar?
2. An wen richtest du den Dank? Weißt du den Namen?
3. Welches Gefühl hat das in dir hervorgerufen? Welche Wirkung hatte die Handlung auf dich?

Es kann losgehen!

»Hallo!? Ich will Ihnen kurz für das Blumenbeet Danke sagen. Ich laufe hier immer vorbei und ich freue mich jeden Morgen über die Blütenpracht! Das macht meinen Start in den Tag wunderschön. Vielen Dank!« Das ist einfach und du darfst das an allen Orten im Kleinen ausprobieren und üben.

Geheimtipp: Im Einzelhandel ist es mittlerweile häufig anzutreffen, dass die Mitarbeiter Namensschilder tragen. Diesen Namen in den Dank einzubauen, sorgt dafür, dass die Mitarbeiter sich noch direkter angesprochen fühlen.

Das Beste daran? Es macht dir selbst gute Laune! Du richtest deine Aufmerksamkeit auf die Dinge, für die du dankbar sein kannst. Achte auf deine Gefühle. Du entscheidest selbst, wie häufig oder wem oder wofür du Danke sagst.

Probier es aus.
Vielleicht fühlt es sich beim ersten Mal noch hölzern an, nach den ersten beiden Malen spürst du die Freude, die damit einhergeht. Nicht selten rechnen die Empfänger nicht damit und dann ist es deine Chance, deren Tag zu verbessern! Genieß das Gefühl! Wenn du möchtest, kannst du das in deinem Journal notieren. Mit wem hast du gesprochen, wie war die Reaktion und was hat das bei dir bewirkt?

Es ist unwichtig, wie klein die Dinge sind, für die du dich bedankst. Sobald sie deine Aufmerksamkeit erlangt haben, hatten sie eine Wirkung auf dich. Es spielt für dich keine Rolle, wie häufig du deinen Dank aussprichst und wie selbstverständlich die positive Handlung sein mag, deine wahrgenommene Wirkung macht den Unterschied. Wie so oft in der Positivität gilt Quantität vor Qualität! Es hilft der Eins-zu-fünf-Bilanz bei deinen Mitmenschen und dir selbst und möglicherweise startet dein Dankeschön einen neuen Welleneffekt?

3. Dreimal täglich Zähne putzen

Die nächste Methode ist so einfach wie Zähneputzen. Beide Dinge, das Zähneputzen und das Putzen der Gedanken, lassen sich wunderbar kombinieren. Du putzt täglich zwei- bis dreimal die Zähne. Beim nächsten Mal lässt du das Handy in der Hosentasche und stellst dir eine einfache Frage.

»Wer hat mich heute zum Lächeln gebracht?«
»Worauf freue ich mich?«
»Was hilft mir in Momenten ohne Energie?«
»Was sind meine Talente?«
»Wen kann ich zum Lächeln bringen?«

Nach zwei bis drei Tagen Übung fallen dir sicher noch weitere Fragen ein, die du hier beantworten kannst. Einfach und leicht beim Zähneputzen. Jeden Morgen und jeden Abend.

Eine Teilnehmerin meines Vortrags schreibt direkt nach dem Workshop: »Die Fragen ›Was war heute gut?‹ und ›Auf was freue ich mich morgen?‹ hängen am Spiegel im Badezimmer meines Kindes und bei mir.«

»Hallo Armin,
die beiden Sätze begleiten mich immer noch in meinem Tun. Zwar nicht mehr so stark im täglichen, dennoch hole ich sie mir an besonderen Tagen ins Gedächtnis.« (Circa zwei Monate nach dem Workshop.)

Selbst wenn sie oder das Kind nur jeden zweiten Tag diese Fragen beantworten, ist es wohl ziemlich unmöglich, in eine lang anhaltende Abwärtsspirale zu geraten und diese nicht durchbrechen zu können. Kurz innehalten, den Fragen ein wenig Aufmerksamkeit einräumen und die Antworten einfach wieder vergessen. Das Gefühl der Dankbarkeit und der Vorfreude auf den nächsten Tag begleitet dich ins Bett und sorgt für entspannten Schlaf. Egal, ob der Tag besonders gut oder eher schlecht war, beide Emotionen sind wichtig und richtig. Im einen Fall stellst du heraus, was dich besonders glücklich gemacht hat, im anderen Fall findest du sicher etwas, was trotz aller negativen Dinge ein kleiner Lichtblick war. Dir selbst zu zeigen, dass nicht alles schlecht war, dass nur Teile des Scheißtags wirklich schlecht waren, hilft dir, deine Stimmung wahrzunehmen und zu kontrollieren. Damit hast du nicht nur deinen Zähnen was Gutes getan, sondern du sorgst parallel noch für Klarheit und Energie in deinem Kopf. Nach zwei Wochen bemerkst du nicht mehr, dass du diese Fragerunde machst, und freust dich nur noch über ein bisschen bessere Laune und schöne, saubere Zähne. Eine andere Art, sich die guten Dinge immer wieder vor Augen zu halten, ist das Erbsenzählen. Nein, nicht so, wie du jetzt denkst. Man kann ein Erbsenzähler sein, der für sich und sein Umfeld positiv wirkt!

4. Erbsen zählen

Wenn man im Internet nach »Erbsenzähler« sucht, findet man recht schnell folgende Erklärung: »männliche Person, die kleinlich, geizig ist« (vgl. Duden 2022).

Meine bereits erwähnte Oma Luise hatte eine andere Art, Erbsen zu zählen. Ich erinnere mich noch daran, dass Oma immer eine Schürze trug. Es gab zu dieser Zeit viele Schürzen mit einer großen Tasche, in die man mit beiden Händen greifen konnte. Omas Schürze musste zwei separate Taschen haben. Ich habe mich immer gefragt, warum ihr das so wichtig ist. Als Teenager hat sie mir das dann in Ruhe erklärt. Sie beginnt den Tag früh und nimmt fünf Erbsen in die linke Tasche der Schürze. Immer, wenn sie sich über irgendetwas freut, nimmt sie eine Erbse und packt sie in die rechte Tasche. Abends greift sie in die rechte Tasche und zählt die Erbsen. Eine gute und einfache Methode, um festzustellen, dass der Tag vielleicht herausfordernd und anstrengend gewesen sein mag, aber mindestens fünf Dinge dabei waren, die ihr Freude bereitet haben. Später hat sie sich von den Enkeln Murmeln und bemalte Steine schenken lassen und diese dann statt der Erbsen verwendet. So kam noch eine weitere freudige Perspektive dazu, denn sie wurde mehrfach am Tag an ihre Enkel erinnert.

Viele tragen in der heutigen Zeit Jeanshosen mit Taschen. Du kannst leicht mit Erbsen, Murmeln oder kleinen Steinen starten. Du findest sicher einen Weg, diesen einfachen Zähler in dein Leben zu holen und damit immer abends festzustellen, dass der Tag voller schöner Dinge war. Ich habe das Experiment selbst für vier Wochen mit viel Freude durchgeführt und es dann später in mein Journal überführt. Dort lässt sich der Erbsenzähler wunderbar und leicht als Daumenkino integrieren. Dann wird die Perspektive nicht nur täglich, sondern wochen- und monatsweise aufgespannt und das wirkte bei mir Wunder.

5. VAKOG-Momente speichern

Wie im Kapitel »Ein aufmerksamer Spaziergang« (Seite 62 ff.) beschrieben, können wir bewusst prägen, wie und was wir wahrnehmen. An dieser Stelle möchte ich kurz ein wenig über Wahrnehmung selbst und Momente schreiben, in denen wir sie bewusst und einfach für unseren Vorteil nutzen können.

Um unserer Sinne gewahr zu werden, hilft uns eine kleine Abkürzung: VAKOG.

V steht für die Dinge, die wir visuell wahrnehmen.
A steht für die Dinge, die wir akustisch wahrnehmen.
K steht für die Dinge, die wir kinästhetisch wahrnehmen.
O steht für die Dinge, die wir olfaktorisch wahrnehmen.
G steht für die Dinge, die wir gustatorisch wahrnehmen.

Visuell ist alles, was wir sehen. Akustisch deckt alles ab, was wir hören. Bei der kinästhetischen Wahrnehmung geht es um Bewegungen, die wir mit der Haut wahrnehmen. Etwas allgemeiner formuliert, werden hier Gefühle eingeschlossen, die etwas mit Bewegung und unserer Hautwahrnehmung zu tun haben. »Mir wurde kalt«, »das Herz schlug bis zum Hals« und »ich hatte Gänsehaut« sind nur einige Beispiele dafür. Der Wind, Berührung und Temperatur sind kinästhetische Eindrücke. Olfaktorisch beschreibt alles, was wir riechen. Gustatorisch beschreibt alles, was wir schmecken.

Diese Sinne immer mal wieder bewusst einzeln wahrzunehmen, kann dabei helfen, schöne Momente zu speichern. Wenn wir in der Lage sind, alle Wahrnehmungen zu speichern, können wir sie uns später wieder komplett und vollständig in Erinnerung rufen. Damit bleibt nicht nur »ich war am Gardasee am Strand« in Erinnerung, sondern es ist ein vollständiges Bild von »Damals am Strand des Gardasees« mit allen seinen Gefühlen und Wahrnehmungen.

Nehmen wir an, du sitzt an einem Strand, die Sonne ist dabei unterzugehen und du möchtest dich an diesen wunderschönen Moment zurückerinnern. Viele würden jetzt das Mobiltelefon zücken und Fotos, Zeitrafferaufnahmen oder Videos vom Sonnenuntergang machen. Um diese Situation richtig wahrzunehmen, sie mit allen Sinnen zu genießen, brauchst du nur ein kleines bisschen Zeit und die VAKOG-Eselsbrücke. Du kannst einfach zu jedem deiner Sinne die Frage »Was sehe ich gerade?«, »Was höre ich gerade?«, »Was spüre und fühle ich gerade?« und so weiter stellen und die Antworten in Ruhe und Bewusstheit speichern.

- Ich sehe die hellorangene Sonne, das dunkle Wasser vor mir ist glatt, einzelne Segel sind noch zu sehen, der Himmel hat kleine Wolkenfetzen und erstrahlt in hellem Gelb/Orange, der Himmel leuchtet warm.
- Ich höre im Hintergrund die Vespas der Jugendlichen am Strand hinter mir, die Wellen plätschern an den Strand, die Möwen kreischen ab und zu, das Paar neben mir streitet über die Farbe des Sonnenuntergangs.
- Ich spüre den Wind auf meinen Beinen und den Armen, mir ist angenehm warm, der Sand zwischen den Fußzehen ist fast zu warm, der Cocktail in meiner Hand kühlt mich, ich spüre Ruhe in mir, das Paar, das nebenan streitet, amüsiert mich.
- Ich kann riechen, dass ich heute ein wenig geschwitzt habe, der Cocktail riecht nach einer leicht süßlichen Note, das Wasser riecht salzig.
- Die Minze-Note des Cocktails ist sehr erfrischend.

Auf diese Weise kann ich den Moment, den ich erlebe, in aller Tiefe wahrnehmen. Dadurch, dass wir den Moment durch unsere Sinne aufnehmen, wird er für uns selbst wahr. Wenn ich diese Eindrücke zu einem späteren Zeitpunkt noch mal abrufen kann, kann unser Gehirn nicht zwischen den erinnerten Sinneseindrücken und den echten Eindrücken unterscheiden. Um diese Eindrücke zu speichern, sollte ich mir ein wenig Zeit nehmen und bewusst die Sinne abfragen. Ich kann dann, während ich am Check-in am Flughafen warte, die genaue Erinnerung abrufen und damit diesen schönen Moment noch mal durchleben.

Wichtig: Es geht nicht darum, eine idealisierte Version des Moments zu speichern. Die knatternden Vespas gehören genau wie das streitende Ehepaar zu diesem Moment. Dadurch wird diese Wahrnehmung authentisch.

Um dir die Erinnerung noch leichter zu machen, kannst du ein bestimmtes Andenken an diesen Moment aufladen. Nimm all diese Wahrnehmung und verbinde damit gedanklich das passende Objekt. Spür die gefaltete und eingerissene Eintrittskarte, während du die VAKOG-Kanäle zum letzten Konzert deines Lieblingskünstlers in Erinnerung rufst. Spür den Stein in deiner Hand und genieße die schönen Wahrnehmungen von der Wanderung mit deiner Familie. In Kombination mit der Methode »Glas der Erlebnisse« kannst du viele Eindrücke lebhaft nutzen und immer wieder ein bisschen Urlaub in deinen Alltag holen.

6. Ressourcen aufladen

Wenn du einzelne Momente besser wahrnehmen und dadurch deutlicher wieder in Erinnerung rufen kannst, solltest du diese Erinnerungen an anderer Stelle ebenfalls für dich und deine positive Zukunft nutzen.

Nehmen wir an, du sollst bei einer Firmenveranstaltung eine kurze Rede über einen Kollegen halten, der nach vielen Jahren im Team nun das Unternehmen verlässt. In den meisten Fällen wird es dir aufgrund deiner gespeicherten Erinnerungen leichtfallen, Momente zu finden, in denen der Kollege besonders positiv gewirkt hat. Eine kleine Unsicherheit oder Ängstlichkeit stellt sich ein, du gehst nicht jeden Tag auf die Bühne und sprichst vor dem gesamten Unternehmen.

Einem professionellen Redner sprechen wir Routine in solchen Vorträgen zu. Woraus besteht Routine? Ausbildung, Übung und Erfahrung? An genau dieser Stelle helfen dir deine eigenen Erinnerungen.

Stell dir die Situation vor, die du meistern musst und die dir ein wenig Unsicherheit erzeugt.

- Ich muss locker und sichtbar auf der Bühne stehen.
- Ich muss langsam und deutlich sprechen.
- Ich muss ruhig und kompetent wirken.
- ...

Jetzt gehe zurück in deine Erinnerungen und finde Momente in deinem Leben, in denen du genau dieses Verhalten an den Tag gelegt hast. Vielleicht tanzt du in deiner Freizeit Tango und bist da immer gut sichtbar und locker. Oder du sprichst immer mal wieder mit deiner älteren Nachbarin und damit sie dich versteht, sprichst du langsam, deutlich und ein bisschen lauter. Du findest leicht eine Situation, in der du trotz eines stressigen Umfelds locker und kompetent gewirkt hast.

Jetzt weißt du, dass du über die grundsätzlich notwendigen Fähigkeiten verfügst, und kannst sie leicht für dich nutzbar machen. Es mag ein wenig lustig anmuten. Doch es hilft dir sicher, dich auf den Moment auf der Bühne vorzubereiten, wenn du kurz davor noch mal den tangotanzenden Nachbarn im Gespräch mit der Nachbarin in deine aktive Erinnerung rufst. Damit erzeugst du in dir das Gefühl der notwendigen Routine, du kannst dich auf die entsprechenden Eigenschaften auf der Bühne verlassen, denn Tangotanzen und der Umgang mit der Nachbarin sind normal für dich! Damit ist der Moment auf der Bühne nicht mehr angsteinflößend.

7. Die Landkarte

Die nächste Methode orientiert sich an einer Idee aus Shawn Achors Buch »Before Happiness« (Achor 2013). Er beschreibt klar, dass Menschen, die auf der Suche nach Freude sind und dabei von Angst geleitet werden, die schönen Dinge aus dem Blick verlieren.

Wir müssen uns der Unsicherheit hingeben, um überhaupt den ersten Schritt tun zu können. Wie immer im Kontext rund um Positivität geht es nicht darum, die Risiken und Gefahren einer Reise zu ignorieren. Wie fahrlässig wäre das? Es geht darum, die vollständige Landkarte immer parat zu haben.

Wenn wir eine Reise planen, ist es nur natürlich, dass wir sicherstellen, dass wir auf die Gefahren dieser Reise vorbereitet und entsprechend ausgerüstet sind. Regenschirm, Klettergurt, Wanderschuhe, Sicherungsseil et cetera werden mit auf die Reise genommen, um uns vor Wetter, Gletscherspalten, steilen Abhängen et cetera zu schützen. Die bekannten Gefahrenstellen werden in dem Plan verzeichnet, damit uns diese Risiken nicht überraschen. Als wichtige Schritt in der Vorbereitung gilt es jetzt die schönen Dinge einzutragen, auf die wir uns freuen. Menschen, die wir treffen können, Naturschauplätze, Sehenswürdigkeiten, Tiere und all die Dinge, die die Reise überhaupt reisenswert machen. Diese zeichnen wir auf unsere Reiselandkarte ein.

Ich kenne viele Menschen, die wegen der Unsicherheiten und Gefahren in einem fremden Land entscheiden, das fremde Land nicht zu bereisen. Für meine Frau und mich stellt genau diese Unsicherheit den Grund dar, warum wir in das fremde Land reisen wollen.

Ich erinnere mich noch genau an den Moment, in dem wir die befestigte Straße in Namibia verlassen haben und für die folgenden zwei Wochen auf Schotterpisten gewechselt sind. Wir haben kurz angehalten und die span-

Leute, die alles bedenken, ehe sie einen Schritt tun, werden ihr Leben auf einem Bein verbringen.

[Anthony de Mello, 1931–1987, Jesuitenpriester]

nende Mischung aus Unsicherheit und Vorfreude in uns gespürt. Noch heute erinnern wir uns gerne an diesen kurzen Moment.

Wie viele Menschen gibt es, die auf einer Reise von Problem zu Problem und von Gefahr zu Gefahr springen und dabei die schönen Dinge aus dem Blick verlieren? Eine Reifenpanne am ersten Tag, ein Navigationsproblem am zweiten, eine Magenverstimmung am dritten und so weiter.

Jetzt hilft uns unsere Landkarte. Wir können uns darauf fokussieren, welche Dinge wir uns vorgenommen hatten zu sehen, und wir können eintragen, welche schönen Dinge uns überrascht haben. Vielleicht waren seltene Tiere auf der Straße, ein netter Mensch hat uns beim Reifenwechsel geholfen, ...

Die Landkarte erzählt immer wieder die Geschichten unserer Reise. Bei der Planung in der Zukunft. Bei der Durchführung der Reise in der Gegenwart oder nahen Vergangenheit und viele Jahre später als Erinnerungsstütze für die Geschichten, die wir unseren Gästen erzählen.

Eine solche Landkarte kannst du für deinen neuen Job, dein neues Hobby oder deine neue Partnerschaft anfertigen. Wenn du möglichst viele Bilder und Zeichnungen verwendest, wird das eine wunderschöne Darstellung deiner Erlebnisse. Du bist achtsam dafür, beim Zeichnen auf die Balance zwischen Negativität und Positivität zu achten. Dinge, die negativ waren, kommen auf die Karte und genauso die guten und schönen Dinge. Ein schlechter Tag auf der Reise färbt nicht die komplette Etappe.

Landkarte

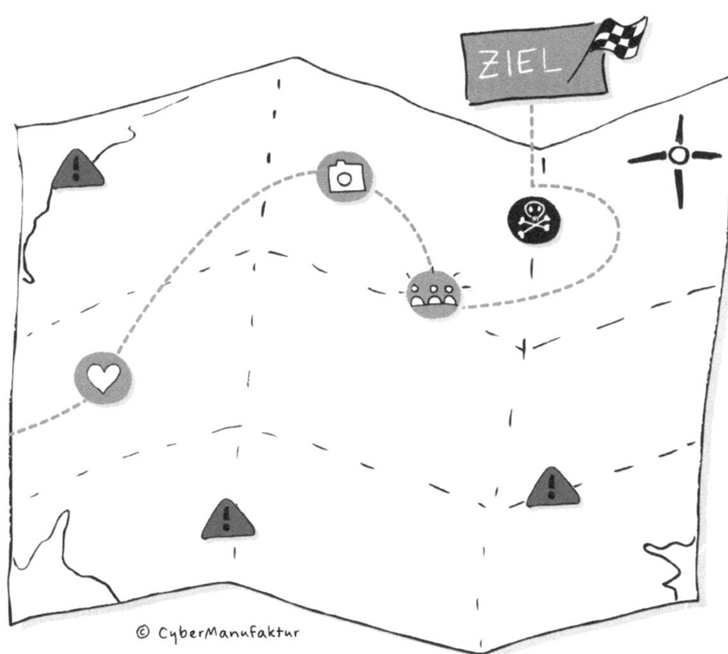

Würde diese Landkarte zum Beispiel für deine aktuelle Arbeitsstelle zu häufig negative Dinge aufzeigen, könntest du daraus vier tolle Dinge lernen:

- Du kannst ohne große Mühe selbst Maßnahmen starten, um dein Arbeitsumfeld so zu gestalten, dass du Freude am Arbeiten hast.
- Es ist Zeit, den Job zu kündigen.
- Du kannst genau sehen, was dich am aktuellen Job stört, und kannst das bei der Suche nach der neuen Anstellung berücksichtigen.
- Du siehst, was du in der Vergangenheit geleistet hast, damit kannst du deinen nächsten Arbeitgeber überzeugen.

Alles, was du für diese Landkarte brauchst, ist Papier, Mut zur Imperfektion und die Zeit, einfach mal drauflos zu malen. Es sind deine Erlebnisse, es ist deine Landkarte ... Niemand außer dir kann sagen, wie deine persönliche Landkarte aussehen soll.

8. Innerer Bundestag

In einem demokratischen Regierungssystem orientieren sich die Redezeiten, zum Beispiel im Bundestag, an den Wählerstimmen. Das bedeutet, dass Parteien mit weniger Wählerstimmen im Bundestag weniger Zeit haben, ihre Thesen zu verbreiten. Daran orientiert sich eine wichtige Übung für uns Menschen.

Wenn du gefragt würdest, wie du Positives und Negatives in deinem inneren Dialog gewichtest, würdest du mit großer Wahrscheinlichkeit antworten: ziemlich ausgewogen. In vielen Fällen scheint das leider nur so. Durch die lebensrettende Funktion der negativen Wahrnehmung kommt der negativen Seite in den allermeisten Fällen mehr Redezeit im Kopf zu. Das Übergewicht in diese Richtung schützt uns und doch darf es nicht überhandnehmen.

Wenn du ...
... dich über eine Krankheit informierst,
... ein Wochenende planst,
... man dir einen neuen Job angeboten hat ...

Mach dir bewusst, wie lange du über die Probleme und negativen Seiten nachdenkst, und dann entscheide dich, die gleiche Zeit über die Chancen und Möglichkeiten nachzudenken. Wenn knifflige Herausforderungen vor uns liegen, ist es wichtig, alle Risiken abzuwägen, sich auf die Gefahren vorzubereiten und ein paar Problemszenarien durchzuspielen.

Achte darauf, wie viel Zeit du dazu verwendet hast, und nimm dir dann die gleiche Zeit, um auf die positiven Aspekte zu achten. Nur die positiven Aspekte zu beleuchten, ist genauso schlecht für die Qualität der Entscheidung, wie nur die negativen Aspekte zu beachten. Wie das Orakel von Delphi fordert: »Halte Maß!«

9. Körper und Geist gehören zusammen

Du kannst deinen Mitmenschen von Weitem ansehen, ob sie gut oder schlecht drauf sind. Dazu reichen dir Körperhaltung, Gestik und Mimik, kurz: die Körpersprache. Du kannst aus den äußerlichen Zeichen des Körpers auf den unsichtbaren emotionalen und geistigen Zustand des Menschen schließen. Dieser Prozess funktioniert in beide Richtungen.

Hier bedeutet es, dass du mit deiner Körperhaltung, deiner Mimik und deiner Gestik, die ja in gewissen Teilen in deiner bewussten Kontrolle liegen, Einfluss auf deine Stimmung nehmen kannst.

Das geht so weit, dass Studien zu diesem sogenannten Facial Feedback zeigen, dass die durch Botox herbeigeführte Unfähigkeit, die Stirn in Falten zu legen, dazu führt, dass die Menschen weniger depressiv sind. Kurz gesagt, stehen Körper und Geist so direkt in Verbindung, dass nicht willentliche (durch Botox) verursachte Faltenlinderung unsere Stimmung aufhellt.

Ich möchte an dieser Stelle keine Werbung für Botox und Schönheitsbehandlungen machen. Ich möchte dich bitten, dir Folgendes klarzumachen: Deine Körperhaltung und Mimik beeinflussen deine Stimmung. Deine Stimmung beeinflusst deine Körperhaltung und Mimik.

Jordan Petersons Buch »12 Rules for Life« beginnt mit der ersten Regel: »Stehe aufrecht und gerade« (Peterson 2019: 46). Die aufrechte Körperhaltung zeigt deutlich, dass wir bereit sind, uns auf die Herausforderungen unseres Lebens einzulassen. Das lässt uns nach außen erfolgreicher und sicherer wirken. Das macht uns nach innen erfolgreicher und sicherer.

Deine Körperhaltung kannst du leicht für deinen Vorteil nutzen: Ich habe einige Methoden gesammelt, die sich zwar im Grundsatz und in der Wirkungsweise durchaus ähneln. Durch die Einfachheit und die Schnelligkeit der Veränderung kannst du diese gerne und leicht in deine Sammlung aufnehmen.

Eine kleine Randnotiz: Es gibt Menschen, die in bestimmten Situationen ihr eigenes Lächeln als schwach und unattraktiv bewerten würden. Die typische Situation wäre hier das Flirten oder Ansprechen einer attraktiven Person. Paradoxerweise ist in genau diesen Situationen ein Lächeln wichtig. Lächelnde Menschen wirken freundlich, erfolgreich und glücklich. Genau diese Dinge helfen beim Kennenlernen und Kontakteknüpfen.

Falls du in eine Situation kommen solltest, in der dein Gegenüber eher ein Gegner oder Wettbewerber ist, hilft dir das Lächeln, Sicherheit, Dominanz und Kompetenz auszustrahlen. »Lächeln ist die eleganteste Art, seinem Gegner die Zähne zu zeigen.« (Werner Finck) Im Zweifel ist Lächeln immer ein guter Start für die Kommunikation!

Laufen – Standpunkt und Perspektive wechseln

Eine meiner wichtigsten Methoden beim Coaching, bei der Begleitung von Veränderungen, ist das gemeinsame Gehen. Ich nenne das »Walk 'n' Talk« oder »Geh-spräch«, wobei die letzte Formulierung aus dem beruflichen Umfeld meines wunderbaren Kollegen Florian Auer stammt.

Ein großer Teil meiner Arbeit, während ich eine Veränderung in einem Team, einer Firma oder mit einer Einzelperson begleite, geschieht im Gespräch. Was möchte ich in den meisten Fällen erreichen? Veränderung in Perspektive oder Standpunkt. Es mag offensichtlich sein, aber es ist hilfreich, bei der Veränderung des Standpunktes den Standort zu verändern. Wenn ich etwas verändern möchte, muss ich Bewegung in die Sache bringen.

Das funktioniert nicht, wenn mein Klient mit verschränkten Armen hinter der Laptop-Schutzwand an einem langen Meetingtisch starr und beharrend sitzt. Wenn ich einen lockeren Spaziergang mache, schaffe ich eine Umgebung, in der ich auf die positiven Aspekte hinweisen kann. Durch die Umgebung, in der wir laufen, kann ich den Fokus immer wieder von der Natur auf das Thema, vom Thema auf die Natur oder zu völlig neuen Standpunkten lenken. Nicht selten stelle ich am Ende des Geh-sprächs die Frage: »In welchen Punkten hast du jetzt eine andere Perspektive als zu Beginn unseres Spaziergangs?«

Du kannst im Gespräch mit dir selbst und anderen einfach neue Fragen finden:

- Wie sieht die Fragestellung aus einem Abstand von fünfhundert Metern aus?
- Gerade bin ich dem Förster begegnet. Wie denkt er wohl über meine Situation?
- Was kann ich tun, um meine nächsten Schritte zum Ziel leichter zu machen?
- Die Rose am Wegesrand hat mir gerade ein Lächeln aufs Gesicht gezaubert. Was müsste in meinem Themenkomplex passieren, dass ich mich auf den nächsten Schritt freue?
- Wie weit bin ich auf meiner Reise hin zum Ziel gekommen?

Neben den gesundheitlichen Vorteilen, die beim Spazierengehen gegeben sind, kannst du dir und anderen einen Zeit-Raum schaffen, um zu reflektieren, Dinge bewusst zu durchdenken und neue Gedanken zuzulassen. Sehr leicht, jederzeit, vor deiner Haustür.

Bite your Pencil

Wie bereits erwähnt, ist Lächeln immer ein guter Start. Egal, ob in ein Vorstellungsgespräch, eine Preisverhandlung, deinen Tag oder eine Familienfeier. Lächeln ist immer gut für uns. Eine einfache Methode, die du wirklich direkt ausprobieren kannst, ist »Bite your Pencil«, was so viel bedeutet wie »Knabber an deinem Stift!«. Nimm einen Kugelschreiber oder einen normalen Bleistift und lege ihn quer in deinen Mund. Die Zähne halten den Stift und deine Lippen sollen den Stift nicht berühren.

Durch diese Haltung werden alle Muskeln aktiviert, die du sonst beim Lächeln und Lachen verwendest. Nach circa zwei Minuten wirst du eine Stimmungsaufhellung feststellen. Dein Gehirn hat bemerkt, dass du die Lachmuskeln verwendest, und sorgt für eine passende Stimmung.

Ich benutze das vor wichtigen Terminen, wenn ich kurz vor einem Vortrag bin oder wenn ich bewusst positiv gestimmt sein sollte. Bei Kennenlernterminen und Vorstellungsgesprächen kannst du kurz zum Händewaschen auf die Toilette gehen und dich aktiv angrinsen. Damit wirst du in den ersten Minuten des Termins freundlicher und positiver wirken, was den Verlauf des Gesprächs beeinflussen wird.

Du kannst ein starkes Grinsen einsetzen, der Stift ist hier nur eine Eselsbrücke. In vielen Telefonisten-Ausbildungen gibt es die Regel »Lächle bevor du das Gespräch startest!«. Dein Lächeln wird von deinem Gesprächspartner wahrgenommen, selbst wenn du nicht gesehen werden kannst. Die wichtige Annahme, die du durch dein Lächeln für dich und andere transportierst, ist: Das folgende Gespräch wird angenehm, nett und freundlich! Genau diese Haltung spürt dein Gesprächspartner und natürlich beeinflusst diese Haltung dich.

Fäuste in den Himmel

Wie stellst du dir jemanden vor, der gerade erfolgreich einen Lauf beendet hat, eine Medaille gewonnen hat oder seinen persönlichen Rekord verbessert hat und das feiert? Mit großer Wahrscheinlichkeit hat diese Person die Hände, möglicherweise zu Fäusten geballt, in den Himmel gestreckt. Nicht ohne Grund beschreiben wir Situationen mit Höchst- und Bestleistungen mit »XY ist über sich hinausgewachsen«.

Diese Körperhaltung funktioniert in beide Richtungen.

Genau wie bei einem Lächeln vor dem Telefonat kannst du vor einem wichtigen Termin im Büro, vor einem Bühnenauftritt oder einem wichtigen Wettkampf bewusst in diese Haltung gehen. Viele Sportmannschaften haben Rituale, bei denen die Hände über dem Kopf sind, zum Beispiel wenn ein Spieler am Spielfeldrand ausgewechselt wird oder wenn sich die Mannschaft vor dem Spiel einschwört.

Wenn du nicht mit erhobenen Händen in den Meetingraum laufen möchtest, kannst du gerne kurz auf die Toilette gehen und dort für dreißig Sekunden diese Haltung einnehmen. Mach dich selbst groß und nimm körperlich wie geistig die Siegeshaltung ein. Es wird dir helfen, im ersten Eindruck genau diese Haltung zu zeigen.

Als Wort der Warnung: Natürlich solltest du dich trotz deiner emotionalen und körperlichen Siegerhaltung gut vorbereiten. Die Haltung allein bringt dich in eine gute Startposition für ein lockeres und gutes Gespräch. Der überzeugende Inhalt kommt dann danach!

Achte auf deine Haltung

Die enge Beziehung zwischen Körper und Geist funktioniert (leider) in beide Richtungen. Stell dir jemanden vor, der gerade ein wichtiges Spiel verloren hat, der vom Gegner besiegt wurde, der traurig ist. Schlapp hängende Arme neben dem Körper, der Kopf leicht nach vorne geneigt, keine Anspannung im Körper und wenig Mimik im Gesicht.

Es gibt viele Momente im Leben, in denen wir diese Haltung einnehmen können, ohne dabei niedergeschlagen zu sein:

- auf dem Sofa,
- leger auf dem Bürostuhl bei der Arbeit,
- coooool im Schulbus und so weiter.

Immer wieder erlauben wir unserem Körper die Haltung, die unweigerlich unsere Stimmung, unsere Wirkung beeinflusst. Wann immer du etwas tun musst, was dir nicht direkt Freude bereitet oder was für dich noch eher negative Gefühle bereithält: Achte auf deine Körperhaltung!

- Mach die Steuererklärung nicht auf dem Sofa, sondern am Esstisch.
- Mach den anstrengenden Videocall stehend.

Es wird direkt Einfluss auf deine Arbeitsmotivation und das Ergebnis deiner Arbeit nehmen. »Wir stellen uns einer Herausforderung« ist eine großartige Redewendung, die was anderes bedeutet als »Wir kuscheln uns aufs Sofa, um die Herausforderung auszusitzen«.

10. Affirmationen

Eine der einfachsten Übungen, die wirklich große Wirkung entfalten werden, sind sogenannte Affirmationen. Affirmationen sind im weitesten Sinne Behauptungen, die wir uns selbst sagen. Im Gegensatz zu den beschränkenden Glaubenssätzen haben sie ein positives Ziel. Ziel der Affirmation ist, genau diesen positiven Aspekt für dein Unterbewusstsein zu programmieren. Dadurch wird es wahrscheinlicher, dass genau diese Wirkung für dich eintritt.

»Ich bin gut genug!«
»Ich schaffe das!«
»Heute wird ein guter Tag.«
»Heute ernähre ich mich gut.«

Die einfachste Variante ist: Fuß aus dem Bett. Sobald beide Füße neben dem Bett stehen, hältst du kurz inne und sprichst zu dir selbst deine Affirmation. Du darfst gerne unterschiedliche Versionen ausprobieren.

Passwörter

Eine einfache Situation, in der du dich immer wieder mit gleichen Texten konfrontieren kannst, ist die Passworteingabe. Das muss unbekannt sein und es darf komplex sein. Dabei ist es egal, ob du einen Text am PC oder eine bestimmte Zahlenfolge am Mobiltelefon verwendest. Am Mobiltelefon verwende ich oft die Zahlen, die im T9-Tastatursystem einem Affirmationssatz zugeordnet sind.

»Arbei8 macht Spa7!« oder eher als Lautsprache
»L1f3 is g00d! Imgr8ful!«
Und so weiter.

Kalendereintrag

Eines der Teams, mit denen ich arbeiten durfte, hatte sich auf die fünf Werte unseres Teams, die unser Zusammenleben bestimmen sollten, geeinigt. Eine der Teilnehmerinnen hatte direkt Kalendereinträge und Serien dazu gemacht. Das heißt, Montag morgens meldeten die Kalender Dinge wie:

»Wir feiern unseren Erfolg.«
»Der Kunde steht im Mittelpunkt.«
»Begeisterung treibt uns.«

Das klingt im ersten Moment wie abgedroschene Phrasen, führte jedoch immer wieder zu Kommentaren mit Bezug auf diese Kalendereinträge. Sie haben die beabsichtigte Wirkung definitiv erreicht. Hier macht die Wiederholung einen großen Teil der Wirkung aus.

Welche fünf Werte möchtest du in deinem Fokus halten? Durch einfache Kalenderserien wirst du sie dir immer wieder in Erinnerung rufen und damit dafür sorgen, dass sie bei dir die gewünschte Wirkung entfalten.

11. Positivität bei der Arbeit im Homeoffice

Durch die Coronapandemie war ich gezwungen, mir einen permanenten Arbeitsplatz im Kellerbüro einzurichten. Wenig Tageslicht, wenig Ausblick, immerhin ein Raum, in dem ich immer störungsfrei arbeiten konnte.

Drei Dinge haben bei mir einen großen Unterschied gemacht.

Der Screensaver

In Zeiten von Corona hat sich die komplette Kommunikation, die ich während eines normalen Tages in Form von Gesprächen, Meetings oder Anrufen gehabt hätte, von einem Tag auf den anderen in einem der vielen Chat-Tools abgebildet. Plötzlich hatte ich keine persönlichen Gespräche mehr, um Danke zu sagen, sondern der Dankes-Dreizeiler kam per Chat. Das Fehlen der direkten menschlichen Interaktion hat mich zu Beginn der Pandemie einiges an Energie gekostet. Doch mit einem kleinen Trick konnte ich mir selbst wieder auf die Sprünge helfen.

Einen winzigen Vorteil hat die Chatkommunikation: Man kann sie wunderbar für später konservieren. Der Nachteil, der durch die fehlende Interaktion entstand, konnte durch das Konservieren und häufige Wiederholen wettgemacht werden. Ich habe von jeder Dankesnachricht, von jedem guten Feedback, von jeder guten Podcast-Bewertung einen Screenshot gemacht. Alles in einem Ordner gespeichert und damit den Bildschirmschoner meines Arbeitsplatzes gefüttert. So bekam ich jedes Mal, wenn ich nach einer Pause an den Rechner kam, etwas Positives aus der nahen Vergangenheit angezeigt.

Natürlich kann ein Screensaver das persönliche Gespräch nicht ersetzen und doch hat mir diese Lösung immer mal wieder geholfen, meinen Positivitätsfokus zu halten und mir meiner Wirkung trotz permanenter Arbeit im Keller gewahr zu werden.

Die Pausen-Fotogalerie

Ein weiterer Weg, meinen Arbeitsplatz zu einem besseren Ort zu machen, war die Möglichkeit, die vorhandenen Fotoalben als Zufalls-Fotogalerie anzeigen zu lassen.

Du hast nur kurz Pause und willst dich kurz ablenken?

Du musst positive Erinnerungen ins Gedächtnis rufen, weil der Termin gerade schleppend läuft?

Nimm deine Fotos auf dem Computer und starte eine Zufallsdiashow. Die Urlaubsfotos schaffen es immer wieder, dich mit auf die Reise zu nehmen. Die Fotos mit der Familie bringen mich üblicherweise zum Lachen. Vielleicht hast du eine Fotogalerie mit deinen sportlichen Erfolgen oder von den Dingen, die du gebastelt hast. Es gibt keinen Grund, sich die schönsten Momente und die eigenen Erfolge nicht immer wieder vor Augen zu halten.

Der Hintergrund des Bildschirms

Ich habe lange nach einem Begriff gesucht, der den Hintergrund des Bildschirms beschreibt und nicht Bildschirmhintergrund heißt. Denn der Bildschirmhintergrund ist ja das, was der Computer anzeigt, wenn keine Fenster zu sehen sind. Dieser Zustand kommt bei mir so gut wie nie vor. Was immer wieder vorkommt, ist, dass mein Blick über die Grenzen des Monitors hinausschweift. Deshalb habe ich dort Postkarten, meine Ziele, Fotos, Zeichnungen meiner Kinder aufgehängt.

Genau wie die Pausen-Fotogalerie hilft mir diese Umgebung, meine gute Laune zu erlangen, und nicht selten zaubern mir einzelne Erinnerungen ein Lächeln auf die Lippen. Niemand außer dir kann diese Fläche sehen, somit kannst du sie so gestalten, wie es deiner Arbeit guttut. Bau dir eine Arbeitsumgebung, die dir Freude bereitet. Wie müsste das Büro aussehen, in dem du gerne arbeitest? Wie sieht das Büro aus, in dem du dich wohlfühlst?

Mein Kamerahintergrund

Der gleiche Effekt funktioniert ebenso in die andere Kamerarichtung. In meinem Hintergrund hängen Postkarten, Notizzettel, ein aufgeblasener Plastikhai, Fische auf Karton, hellblaue Fransen und vieles mehr. Nichts zu Persönliches und doch so persönlich, dass meine Person durch den Hintergrund ein wenig erkennbar wird. Das führt mit Sicherheit ab und an zu überraschten Blicken und Fragen. Ab jetzt hilft meine Arbeitsumgebung nicht nur mir, sondern den Teilnehmern an Videokonferenzen, mit mir in den Austausch zu treten. Ich freue mich darauf, an meinem Arbeitsplatz wirken zu dürfen. Alles, was es dafür brauchte, waren ein paar Postkarten, Post-its und Fotos.

Einige Notizzettel hängen dort mit bewusst gewählten Stichworten, wie zum Beispiel: »Fokus«. Dieser Notizzettel führt immer wieder zu »Achtung, Armin zeigt gleich auf seinen Zettel an der Wand, lass uns mal wieder zur Sache zurückkommen!« Ich kenne wenige Wege, die lustiger und respektvoller sind, als die Menschen durch den interessanten Hintergrund Angebote zu machen, um sich selbst zu steuern.

12. Dankeskarten und Kudo-Karten

Eine wunderbar leichte Art, Danke zu sagen, sind die sogenannten Dankeskarten. Ich kam damit zum ersten Mal auf einer großen Konferenz in Kontakt und seit diesem Zeitpunkt habe ich immer welche in meiner Arbeitstasche dabei. Zusätzlich zum normalen Dankesagen kann man diese kleinen Karten schreiben und persönlich übergeben. Der große Vorteil dabei ist, dass die empfangende Person eine kleine Sammlung dieser Karten aufbauen kann. Wann immer ich dunkle Gedanken habe, blättere ich durch meine Sammlung mit Dankesworten, erinnere mich an die schönen Momente und den Dank der Menschen, die die Karten geschrieben haben. Dadurch wird meine Laune besser.

In manchen Kontexten haben sich die sogenannten Kudo-Karten nach Jürgen Appelos Buch »Management 3.0« (Appelo 2010) etabliert. Sie funktionieren ähnlich. Besonders wichtig bei beiden Kartentypen ist die direkte, persönliche Übergabe der Karten. Nur im persönlichen Austausch findet der erwünschte Selbstwirksamkeitseffekt statt.

Dankeskarten

Für die Karten selbst gibt es unterschiedliche bereits vorgedruckte Varianten und ich bin sicher, dass eine individuell gestaltete Karte einen super Effekt erzielt (vgl. https://agile-living.com/karten). Die vorgedruckten Varianten beziehen sich auf Elemente aus der Gewaltfreien Kommunikation und helfen dabei, die Wahrnehmung und die Wirkung in den Fokus zu rücken.

13. Postkarten schreiben

In einer immer hektischer und schneller gewordenen Welt erscheint es fast seltsam, Postkarten zu schreiben. Ich selbst habe dennoch schöne Erfahrungen mit dem Schreiben von Postkarten gemacht.

»I did not have the time to write you a short letter, so I wrote you a long one!« (Ich hatte keine Zeit, dir einen kurzen Brief zu schreiben, also habe ich dir einen langen Brief geschrieben!)

Wegen des begrenzten Platzangebotes, des daraus entstehenden Fokus und der Leichtigkeit, die das Schreiben einer Postkarte mit sich bringt, verschicke ich immer wieder Postkarten. Nicht selten sind die Empfänger und Empfängerinnen wirklich überrascht und erfreut. Da, wie du weißt, meine Freude am Schreiben der Postkarte bei der Vorfreude beginnt, bin ich in fremden Städten immer am Stöbern, ob ich nicht eine Postkarte finde, die zu einer Person in meinem Umfeld passt. So erfüllt mich die Postkarte mit Energie und ich freue mich darauf, sie zu verschicken. Nicht selten bekomme ich Fotos zugeschickt, auf denen zu sehen ist, welche Ehrenplätze die Postkarten einnehmen. Ich selbst habe die meisten Postkarten, die ich bekommen habe, hinter meinem Arbeitsplatz aufgehängt. Damit freue ich mich immer wieder an den Motiven und den Postkarten selbst.

Wie du weißt (Kapitel »Anderen etwas Gutes tun ist egoistisch«, Seite 120 ff.), beginnt meine Vorfreude auf das Verschicken der Postkarte oft mit dem Finden eines besonderen Motivs beim Einkaufen. Wenn diese Freude, die mir die Postkarte seit dem Kaufen macht, dann beim Empfänger eine Weile vorhält, kann ich mit so einer kleinen Postkarte viel erreichen. Natürlich kann ich nach gemeinsamen Erlebnissen die Fotos per Chat und Internet teilen. Eine Woche später noch mal per Postkarte an das gemeinsame Event zu erinnern, schenkt noch mal mehr Freude! Positiv wirkt in der Erinnerung!

Du kannst einfach drei schöne Postkarten kaufen, sie bei dir in der Schublade liegen lassen. Ich denke, dass sich bald eine Gelegenheit finden wird, um sie zu verschicken.

14. Das Journal

Erwachsene Menschen, die Tagebuch schreiben, wie damals in der Schule? Klingt irgendwie seltsam? Ist es nicht.

Journal als Rettungsanker oder die three good things

Das Journal oder genauer ein kleiner Teil der Journal-Methode ist meine Methode der Wahl, sollte ich in einem Stimmungstief hängen, das länger als eine Woche andauert. Ich schreibe das nicht permanent, sondern ich weiß mittlerweile aus Erfahrung, dass diese einfache Methode mir schnell und wirksam hilft.

Ich bin sicher, dass du bereits von dieser Methode gehört hast. Ähnlich wie bei »Dreimal täglich Zähne putzen« geht es darum, den Tag mit positiver Reflexion abzuschließen. Ich nutze das Journal viel weitreichender. Sobald ich bemerke, dass ein Stimmungstief meine Woche zu dominieren scheint, nehme ich mein Notizbuch raus. Ich lege es auf meinen Nachttisch oder direkt auf das Kopfkissen. Damit mache ich mit mir selbst einen Vertrag: »Egal, wie der Tag war, abends wird geschrieben!«

Die Frage, die ich jeden Tag beantworte, ist immer die gleiche: »Welche drei Dinge am heutigen Tag waren gut?«

Es geht nicht um Großartiges, Einzigartiges und noch nie Dagewesenes. Sondern um drei positive Dinge. Egal, wie schlecht ein Tag verlaufen sein mag, es gibt immer drei Dinge, die gut waren. Dieser unverrückbare Anker hilft mir an schlechten Tagen. Ich mache das für ein bis zwei Wochen, danach höre ich meistens wieder auf. Aber die drei guten Dinge des Tages helfen mir, meinen Fokus zu justieren und mich nicht in den Alles-ist-schlecht-Abwärtskreisel ziehen zu lassen.

Ich selbst höre dann wieder auf, wenn ich meine Haltung wieder im Griff habe. Es steht dir frei, für längere Zeit deine three good things zu notieren. Die Methode kommt aus der Depressionstherapie und ist mehrfach durch Studien belegt. Nach circa zwei bis vier Wochen stellt sich eine deutliche Verbesserung deiner Stimmung ein. Du brauchst dazu nur einen Stift, einen kleinen Block und etwas Zeit.

Standard-Journal

Einige Zeit lang habe ich meinen Tag mit Journaling organisiert. Wer das noch nicht ausprobiert hat, kann alles Notwendige unter folgender URL erfahren: https://bulletjournal.com. Neben all den To-do-Listen, kreativen Dingen und Notizen, die in diesen Journal Platz finden, habe ich noch zwei kleine Tipps, um dem Journal noch eine kleine Positivitätsfunktionalität hinzuzufügen. Diese funktionieren auch in anderen Notizbüchern und können leicht mit wenig Aufwand ausprobiert werden.

Daumenkino

Wie erwähnt, ist es natürlich und wichtig, dass wir alle einen Wechsel von guten und schlechten Tagen erleben. Nicht alle Tage sind positiv und nicht alle Tage sind nur negativ. Es scheint so, dass uns Menschen nach zwei bis drei Tagen schlechter Laune die ganze Woche schlecht in Erinnerung ist. Nach einer Woche wirkt der ganze Monat wie ein schlechter Monat. Bei schlechter Laune fokussieren wir uns möglicherweise auf die negativen Dinge und blenden dabei die guten Dinge in der näheren Vergangenheit aus.

Hierbei hilft das Daumenkino: Am Ende des Tages markiere ich die obere rechte Ecke der Notizbuchseite mit einem Farbklecks. An guten Tagen wird die Ecke grün. An normalen Tagen markiere ich die Ecke gelb. Sollte ein schlechter Tag dabei sein, wird die Markierung rot.

Jetzt kann ich mit einem einfachen Daumenkino in meine nähere Vergangenheit schauen. Selbst wenn drei rote Tage aufeinanderfolgen, wird die rote Serie durch gelbe und grüne Tage unterbrochen. Nicht selten wurde ich selbst überrascht, wie viele grüne und gelbe Tage in Zeiten zu finden waren, die ich negativ wahrgenommen hatte. Genau diese Transparenz schafft diese einface kleine Methode.

Erfolgslog

Ein Element, das ich in jedes meiner Journalbücher übernommen habe, ist das Erfolgslog. Wann immer ich einen Erfolg als solchen wahrgenommen habe, notiere ich ihn schnell. Wie bei jeder Methode in diesem Buch geht es explizit nicht um höher, schneller, weiter, sondern um positiv. Positiv ist gut und gut ist gut genug. Welche Kleinigkeit auch immer einen Erfolg für dich darstellt, fühl dich frei und notiere sie.

So sammelt sich an dieser Stelle deines Journals eine Liste von allerlei Dingen, für die du trainiert hast, für die du gelernt hast oder was sich auf andere Weise für dich als Erfolg angefühlt hat.

Dieses Erfolgslog hilft nicht nur dabei, an schlechten Tagen wieder bessere Laune zu schaffen. Diese Liste zeigt deutlich, was du zu leisten in der Lage bist und warst. Eine solche Auflistung hilft enorm beim Auf- und Ausbau von Resilienz. Oder du erinnerst dich an die entsprechenden Momente und kannst so die Selbstwirksamkeit deiner Handlung erneut spüren. Du kannst immer wieder nachlesen, welche Herausforderungen du gemeistert hast, welche aus heutiger Sicht vielleicht wie Kleinigkeiten anmuten, dir damals noch im Weg standen. Mit diesem Wissen und der Klarheit, was du bereits erreicht hast, kannst du dich heute scheinbar großen Herausforderungen stellen. Irgendwann sind diese nur ein Eintrag in deinem Erfolgslog und du strebst nach neuen, größeren Herausforderungen.

15. Dankbarkeitsbingo

Diese Methode ist als kleines Experiment auf einer Konferenz mit vielen anderen Agile Coaches entstanden. Sie hat den Namen »Dankbarkeitsbingo« bekommen. Wie wir gelesen haben, lenkt die Aufmerksamkeit das Erlebnis, siehe »Ein aufmerksamer Spaziergang« (Seite 62 ff.). Diesen Effekt kannst du für dich nutzen.

Viele Konferenzen sind gefüllt mit spannenden Themen, neuen Impulsen, interessanten Gesprächen und neuen Wissensgebieten. Es ist völlig unmöglich, all diese Dinge aufzusaugen. FOMO ist die Abkürzung von »Fear of missing out«, was so ähnlich ist wie »die Angst, etwas zu verpassen«. Die Teilnehmen machen sich jetzt massiven Druck, um möglichst viele Inhalte in kurzer Zeit zu konsumieren, dokumentieren, damit zu interagieren. Welche Überraschung: Es bleibt zu viel! Es ist unmöglich, alles mitzunehmen.

Um diesem Phänomen entgegenzuwirken, haben wir ein kleines Experiment gestartet. Wir haben uns zehn Minuten reserviert und für uns selbst notiert, was die Aspekte sind, für die wir dankbar sein wollen. Wir haben in die Zukunft projiziert, was wir uns von diesem Konferenzwochenende erwarten. Im Scherz haben wir uns an den originalen Bingoregeln orientiert. Wer zuerst eine Fünferreihe voll hat, hat gewonnen!

Die Punkte auf diesen Notizen waren so unterschiedlich wie die Teilnehmer dieser Konferenzsitzung.

- Ich möchte Freundschaft erleben.
- Ich möchte einen Lachanfall erleben.
- Ich möchte ein persönliches Gespräch führen.
- Ich möchte gutes Essen genießen.
- Und so weiter.

Am Abend des ersten Tages kam eine Konferenzteilnehmerin zu mir und zeigte mir ihren Bingo Zettel: Sie hatte im Verlauf des ersten Tages eine Fünferreihe gebildet. Sie war selbst überrascht und die spannende Beobachtung war folgende: Die Kollegin schilderte, wie es ihre weitere Teilnahme entspannt hatte. Statt FOMO und vollem Sitzungskalender hatte sie festgestellt: »Ich habe alles erreicht, was ich wollte, jetzt kann ich mich entspannt treiben lassen!«

Genau da entsteht die positive Wirkung dieser einfachen Methode: Die eigenen Erwartungen aufzuschreiben, schärft die Sinne und sorgt für einen positiven Fokus. In dem Moment, in dem man fünf davon erlebt hat, fällt der Druck von den Schultern. Die Erwartung an die eigene Leistung, der selbst gemachte Druck und der Anspruch an die eigene Professionalität werden entspannt als erfüllt markiert. Ab jetzt kann genossen werden. Diese Vorgehensweise hilft nicht nur bei Konferenzen.

Was sind die Events, bei denen unnötig Stress entsteht und wir deutlich gelassener sein könnten:

- Familienfeiern,
- Kindergeburtstage,
- Urlaubsreisen,
- et cetera.

Sich selbst morgens zu notieren, was an diesem Tag wichtig und richtig sein wird, stiftet Fokus in die entsprechende Richtung und sorgt für eine Art Abschluss, wenn die zentralen Punkte der Liste erledigt wurden.

16. Assume Positive Intent

»Assume Positive Intent« steht für »Nimm eine positive Absicht an«.

Wenn wir neue Menschen kennenlernen, findet in den ersten Sekunden ein wichtiger Prozess statt, der die Beziehung stärker prägt, als wir Menschen uns dessen gewahr sind. Ich ertappe mich selbst oft, wenn ich durch Menschenmengen laufe, dass mein Gehirn schnell über die anderen Menschen urteilt:

- zu dick,
- zu dünn,
- sehr attraktiv, wahrscheinlich arrogant,
- schäbig und nicht erfolgreich,
- sexy und billig,
- ...

All diese Urteile sind selbstverständlich grob falsch, ich kann die Menschen gar nicht kennen. Doch trifft mein Gehirn diese Bewertungen schneller, als ich denken kann. Die positive Funktion dieser Bewertung ist, mich vor potenziellen Gefahren zu beschützen. Meine Wahrnehmung möchte Bedrohungen erkennen und mir mit dem schnellen Urteil die Chance zur Flucht und zur Gegenwehr ermöglichen. Es hat einige Zeit gedauert, um mir selbst diesen Umstand klarzumachen.

Was kannst du tun, um positiv damit umzugehen, dass du andere Menschen bewerten willst?
Ich nutze Wartezeiten beim Arzt, beim Busfahren oder am Flughafen für eine kleine Übung. Statt die Menschen als Bedrohung zu sehen und sie auf körperliche Aspekte zu reduzieren, lasse ich meiner Fantasie freien Lauf. Statt zu analysieren, welche Gefahr von der Person ausgehen könnte oder wo die

Person gegen meine Norm-Standards verstößt, versuche ich, positive Fragen in den Vordergrund zu stellen:

- Aus welchem schönen Land könnte diese Person gerade kommen?
- Welche Charaktereigenschaft zeichnet diese Person aus?
- Welcher Sportart geht diese Person wohl in der Freizeit nach?
- Was kann ich von dieser Person lernen?
- Welche spannende Geschichte kann dieser Person wohl erzählen?
- Welche Sprachen spricht diese Person wohl?
- Welche Tipps zum Umgang mit Kindern kann ich wohl von dieser Person lernen?

Das ist eine spannende und kurzweilige Beschäftigung. Natürlich sind meine Antworten genauso falsch wie bei den initialen Fragestellungen, allerdings sind die Antworten positiv. Nur einen winzigen Bruchteil dieser Menschen werde ich jemals direkt ansprechen und doch hilft mir dieser positive Fokus, meine Wartezeit positiv mit viel Kreativität zu füllen. Nebenbei entstehen dabei hilfreiche Fragen für den Einstieg in ein Gespräch, wenn ich zum Beispiel auf einer Konferenz bin:

»Hey, ich habe mich gerade gefragt, welches wohl deine Lieblingssportart ist.«
»Gerade kam mir die Frage, für welches Thema du dich so richtig begeistern kannst. Lass mich raten ... Tierschutz?«

Damit habe ich meine Angst vor den ersten Sätzen reduziert und meine eigenen Vorannahmen mit positivem Fokus belegt. Du kannst das leicht ausprobieren. Wenn du das nächste Mal auf einen Zug wartest, in einer Schlange stehst oder an einer Kasse wartest. Kostet nichts und bringt sicher eine positive Perspektive auf deine Mitmenschen.

17. Wie die Gummiente hilft

Wie ich bereits mehrfach erwähnt habe, ist es absolut normal und unerlässlich, dass wir traurige Momente und manchmal traurige Tage erleben. Ein Leben ohne Enttäuschung, Niederlage und Schmerz wäre nur oberflächlich betrachtet erstrebenswert. Auf den zweiten Blick sieht man recht schnell, dass wir dann nicht lernen könnten, die guten Tage nicht wertschätzen würden und unsere eigene Weiterentwicklung deutlich weniger Energie hätte.

Es gibt Probleme, die uns anfangs riesig, unüberwindbar und tragisch vorkommen. Egal, wie lange wir darüber nachdenken, die Situation scheint aussichtslos. Wir ziehen uns noch mehr zurück und ziehen uns sprichwörtlich die Decke über den Kopf. Damit isolieren wir uns von unserer Außenwelt und ohne es zu wissen isolieren wir uns damit von neuen, vielleicht positiven Impulsen durch unsere Umwelt.

Was können wir tun, um uns selbst ein wenig aus diesen Situationen zu helfen? Sprechen!

Erzählt einer vertrauten Person von euren Sorgen, euren Problemen und nach einiger Zeit werdet ihr euch besser fühlen. Selbst wenn die Person, der ihr das Problem schildert, nur zuhört, entstehen in euch andere, bessere Gedanken und Ansätze zur Lösung.

Das führt so weit, dass in den USA in vielen Softwarefirmen Gummienten an der Tür hängen: »If you are stuck, talk to the duck!« (Wenn du nicht weiterweißt, erzähl es der Gummiente!)

Ich als Teamcoach erlebe immer wieder folgende Situation: In der morgendlichen Besprechung sagt jemand: »Ich hänge fest, kann mal jemand mit auf mein Problem schauen?«. Da ich weder Software entwickeln, Datenbanken betreiben oder Produkte bauen kann, melde ich mich gerne freiwillig. Ich setze mich neben den entsprechenden Kollegen und nicht selten fällt dem Kollegen die Lösung ein, noch bevor ich mich richtig hinsetzen konnte. In schwierigen Fällen beginnt der Kollege, mir den Code oder das Problem Zeile für Zeile zu erklären oder eine Übersichtszeichnung zu machen. Schon nach wenigen Sätzen kommt die Lösung von alleine. Woran liegt das?

Die Person, die das Problem sucht, weiß von meiner Ahnungslosigkeit. Sie weiß, dass ich gut zuhören kann und gewillt bin, mir länger anzuhören, was bereits über das Problem bekannt ist. Dadurch, dass diese Person jetzt nicht mehr in ihren gewohnten Denkstrukturen und Erzählmustern mit sich selbst spricht, sondern versucht, das Problem für mich verständlich darzulegen, fällt die Lösung leichter auf. Die Kollegen sind immer wieder dankbar dafür, dass ich nichts getan habe.

Wenn du ein Problem hast und weder ein noch aus weißt, schnapp dir einen Freund, einen Elternteil, deinen Partner und bitte um zehn Minuten Zeit. Einfach nur zuhören. Aufmerksam und aktiv zuhören. Du formulierst alles, was du bisher über das Problem oder deine bisherigen Lösungsversuche weißt, und denkst dabei aktiv über neue Lösungsansätze nach. Ich bin sicher, dass du bald bisher unbekannte Ansätze schaffen wirst. Das funktioniert auch mit einer Gummiente oder einem Kuscheltier!

18. Positive Ziele wirkungsvoll nutzen

An jeder Ecke kann man lesen, dass Menschen sich selbst Ziele setzen sollten. Hier durchtrainierte Menschen, die sich tagelang Berge auf dem Fahrrad hochquälen. Dort sehen wir superschlanke und sportliche Menschen, die auf ihren Bewegungstracker schauen, scheinbar, um noch schlanker zu werden. Irgendwie sind Ziele damit aus der realen Welt der Normalos entrückt.

Ich möchte mit diesen gesellschaftlich aufgezwungenen Zielen aufräumen. Es ist absolut okay, sich tagelang auf dem Rad den Berg hochzuquälen, wenn man selbst hinter diesem Ziel steht und beim Erreichen des Ziels die innere Befriedigung spürt. Natürlich spricht überhaupt nichts dagegen, sich ein Bewegungs- und Ernährungsziel zu setzen, um seiner eigenen Wunschvorstellung vom eigenen Körper näher zu kommen. Was auch immer der Wunsch sein mag, ich vertraue fest darauf, dass jeder Mensch seine eigenen Ziele erreichen kann. Wenn er es denn wirklich will.

Alle Ziele, die wir nur deshalb auf unsere Liste nehmen, weil die Gesellschaft, die Ehefrau, der Ehemann, der Chef oder sonst jemand von uns erwartet, diese Ziele zu verfolgen, kann man durchaus direkt ignorieren.

Wie funktionieren gute Ziele?

Ein gut formuliertes Ziel ruft uns immer wieder den besseren, attraktiveren Zustand NACH dem Erreichen des Ziels in Erinnerung. So können wir uns die Verbesserung vorstellen und emotional damit in Verbindung treten. Das motiviert uns, Hindernisse zu überwinden und Probleme zu lösen. Wenn wir uns vornehmen, einen Kaffee zu trinken, und uns zum Ziel setzen, jetzt einen Kaffee kaufen zu gehen ..., woran denkst du? Du denkst nicht an den Moment vor dem Kaffeeautomaten, sicher nicht an das möglicherweise notwendige Nachfüllen des Wassers, sicher nicht an das Leeren des Satzbehälters und so weiter. Sondern du denkst und fühlst dich in den Moment, in dem du den Kaffee in der Hand hältst. Du kannst den Kaffee riechen, du spürst im Vorfeld die Wärme der Tasse in deinen Händen und den Geschmack von leckerem, sahnigem Cappuccino auf deiner Zunge. Marc A. Pletzer beschreibt den Kontext »Ziele setzen und erreichen« in seinem wunderbar kurzweiligen Buch »Die Cappuccino-Strategie« (Pletzer 2017: 29).

Ich sitze gerade an einem schönen, sonnigen Samstagabend in meinem Kellerbüro und tippe diese Zeilen in den Computer. Ich muss gestehen, dass mich das Sitzen und Tippen nicht besonders begeistert. Was mich begeistert und nachhaltig zum Schreiben motiviert, sind drei Dinge:

- das Feedback, das ich bereits zu einzelnen Textpassagen bekommen habe;
- die Menschen, die sich auf dieses Buch hier freuen und mir dies mitgeteilt haben. Der Austausch mit ihnen hat mich inspiriert und ich freue mich auf den Austausch anhand des Buchs.
- In meinem Kopf habe ich ein Bild, wie ich nach einer Konferenz an einem Tisch sitze und einige Menschen zu mir kommen, eine Frage zum Buch haben und ein Autogramm in ihrer Kopie des Buchs wünschen. Das werden angenehme Gespräche und ich bin sicher, dass immer wieder Menschen dabei sein werden, die aus den kleinen Experimenten aus diesem Buch kleine Erfolgsgeschichten gemacht haben. Ich freue mich, diese zu hören, und nun kann ich die Selbstwirksamkeit in mir spüren.

Ich will mit diesem kleinen Beispiel einen wichtigen Unterschied deutlich machen. Mir ist absolut klar, was ich mit diesem Buch erreichen möchte, und ich stehe emotional mit dem Zielzustand in Verbindung. Wenn ich die Augen schließe, kann ich mich in diesen Moment nach einem Vortrag, nur dem Signieren des Buchs und dem Gespräch mit Menschen, die das Buch gelesen haben, hineinversetzen. Natürlich erfüllt mich dies mit Stolz, ich kann die Selbstwirksamkeit spüren. (Da ist natürlich Unsicherheit, ob das genau so stattfinden wird.) Dennoch gibt mir genau dieses positive Gefühl die Energie, an einem Samstagabend im Keller zu sitzen und dieses Buch zu schreiben.

Zwei Bedingungen müssen mindestens erfüllt sein, damit wir ein Ziel emotional fühlen können: Es muss positiv sein. Das heißt, wir verbinden eine bessere Zukunft mit dem Erreichen des Ziels. Wenn wir ein Ziel setzen und uns nicht vorstellen können, dass das Erreichen des Ziels unsere Zukunft verbessert, dann sollten wir das gar nicht erst versuchen. Es kann hilfreich sein, sich die Frage zu stellen, welche negativen Konsequenzen das Erreichen des Ziels haben könnte, um he-rauszufinden, ob wir das Ziel wirklich für erstrebenswert halten. Hierzu kann es hilfreich sein, wenn wir den jetzigen Zustand als emotional negativ (Weg-von-Energie) wahrnehmen, um uns ein wenig Anfangsenergie zu schenken. Langfristig sollte immer eine emotionale Kopplung mit dem erreichten Zielzustand (Hin-zu-Energie) vorherrschen.

Es muss uns vom heutigen Stand aus erreichbar erscheinen. Es ist kein Problem, ein Zwischenziel einzufügen, das uns als Meilenstein hin zu einem noch unmöglich erscheinenden Ziel hilft. Das Zwischenziel sollte so sein, dass wir spüren können, dass wir dies mit unseren Kräften und Möglichkeiten erreichen können.

Bei Mittel- und Langstreckenläufen gibt es einen beobachtbaren Effekt, der als »X-spot theory« (vgl.: https://goodthinkinc.com/success-the-x-spot/ und Achor 2013: 108) bekannt ist.

Sobald die Läufer das Ende der Strecke sehen, ihnen klar wird, dass sie den Lauf mit großer Sicherheit abschließen können, kommt der Endspurt. Der Wechsel von der eigenen Wahrnehmung »Der Erfolg ist möglich!« zu »Der Erfolg ist wahrscheinlich« macht den Unterschied. Alle Reserven werden aktiviert, die Motivation steigt noch mal an und die Vorfreude auf den Zieleinlauf beginnt. Das Gefühl der Sicherheit, dass das Ziel erreichbar ist, ist ein hervorragender Indikator dafür, wie weit der nächste Meilenstein entfernt sein sollte. Idealerweise sind persönliche Ziele in ausreichend viele Zwischenziele aufteilt, sodass sie einzeln erreichbar sind und der rote Faden zwischen ihnen spürbar ist.

Das Ziel erreicht?

Setze dir Ziele, die du erreichen kannst, und fühle dich in den Moment, in dem du das Ziel erreicht hast, ein. Wie wirst du dich fühlen, wenn du die neue Sprache zum ersten Mal im Urlaub verwendest? Was geht Positives in dir vor, wenn du die neuen Tanzschritte zum ersten Mal zeigst? Wie fühlt sich Treppensteigen an, wenn du die nächsten drei Kilogramm Körpergewicht reduziert hast? Genau wie bei Positivität und Dankbarkeit geht es bei Zielen nicht darum, Riesensprünge von dir selbst zu fordern. Mach lieber viele kleine Schritte und erreiche sie dann auch.

Der wichtigste Moment bei jedem Ziel ist einer, der häufig verpasst wird. Der Moment, in dem das Ziel erreicht wird. Man freut sich, dass man dem Ziel nahe kommt. Meist wird, noch bevor man das ursprüngliche Ziel erreicht hat, das nächste Ziel ausgerufen und damit fehlt eine wichtige Komponente im Zielerreichungsprozess: das Feiern des Erfolgs!

Aus diesem Grund rate ich meinen Klienten im Coaching immer, die Ziele aufzuschreiben. »Ich habe meine Ziele im Kopf!« scheitert oft daran, dass diese Ziele nicht gefeiert, sondern ohne das notwendige Innehalten einfach erweitert werden. So rennen diese Kunden ihren eigenen Zielen hinterher und sind letztlich erfolgreich und dennoch frustriert.

Das Feiern des heutigen Erfolgs sorgt für Motivation und Energie zum Erreichen des morgigen Ziels. Es ist selbstverständlich okay, kleine und vielleicht sogar winzige Ziele für dich festzulegen. Gerade kleine Ziele dürfen gefeiert werden, denn sie sind der Grundstein für große Veränderungen, die wir selbst in unserem Leben durchführen.

Notiere deine Ziele samt Zweck so messbar wie möglich und vergiss nicht, eine Belohnung damit zu verknüpfen. Das ist ein kleiner Vertrag mit dir selbst und muss eingehalten werden. Es ist ein schönes Ziel, dir für den morgigen Tag vorzunehmen, einmal mehr »Danke« an ungewöhnlicher Stelle zu sagen. Du kannst spüren, wie dir das freundliche Lächeln des Empfängers Freude macht und wie leicht es dir gefallen ist, das Dankeschön zu formulieren. Sicherlich lächelst du beim Gedanken an die Situation. Viel Spaß mit diesem Ziel!

Fünf-Jahres-Ziel geschafft

Ein ehemaliger Klient von mir hat mit seiner jungen, neuen Teammitarbeiterin ein Zielsystem aufgebaut. Sie haben sich über die Frage »Wo möchtest du in fünf Jahren stehen?« unterhalten und konkrete Elemente gefunden. Die junge Kollegin war fleißig und motiviert. Nach ungefähr einem Jahr musste mein Klient leider die Abteilung wechseln und er wollte zum Abschied noch mal die Ziele besprechen, um somit einen Abschluss ihrer beider Zusammenarbeit zu schaffen. In diesem Gespräch stellte sich heraus, dass die junge Frau all ihre Ziele, die für fünf Jahre geplant waren, in ungefähr einem Jahr erreicht hatte. Sie war selbst überrascht und natürlich war das ein tolles Ende für die gemeinsame Zusammenarbeit.

Das Niederschreiben und Vergegenwärtigen der Ziele sorgt unterbewusst für ungeahnten Fokus. Das Setzen und Niederschreiben der Ziele ist gut investierte Zeit und jeder Mensch darf für sich selbst herausfinden, in welcher Lebensphase wie lange im Voraus die Ziele gesetzt werden sollten.

Verbildlichen von Zielen

Eine einfache Methode, um sich bessere Ziele zu setzen und deren emotionale Wirkung für uns selbst zu dokumentieren, sind Bilder. Wenn du auf einen schönen Urlaub in einem fernen Land sparst oder deine Vorbereitungen dafür noch einiges an Energie brauchen, sammle Fotos, Bilder, Zeichnungen, die du mit dieser Reise in Verbindung bringst. Oder fertige eigene Symbolzeichnungen an, die für dich ausdrücken, was das Erreichen des Ziels für dich persönlich bedeutet.

Genau wie du Erinnerungen mit Emotionen und Bildern aufladen kannst (siehe »VAKOG-Momente speichern« ab Seite 164), kannst du deine Ziele in gleicher Weise anreichern. Das steigert die Wahrscheinlichkeit, die Ziele zu erreichen.

Den Berg erklommen

Eine gute Freundin von mir hatte sich eine schwere Infektion zugezogen und war im Familienurlaub mit der Hilfe von Ehemann und Kindern sehr beschwerlich auf einen kleinen Berg in den Schweizer Alpen gestiegen. Die Infektion hatte ihr schwer zugesetzt. Sie beugte sich zum Boden und setzte sich selbst zum Ziel: »Ich steige in einem Jahr hier auf diesen Berg. Allein. Dann lege ich diesen Stein an dieser Stelle ab!«

Sie fokussierte sich immer wieder auf diesen Stein und nahm sich die Zeit, die sie brauchte, um wieder gesund zu werden. Voller Stolz stieg sie ein Jahr später auf den gleichen Berg. Als die Kinder fragten, ob sie ihre Mama begleiten sollten, wurde das dankend abgelehnt. Diesen Aufstieg würde sie alleine schaffen. Am Ende des erfolgreichen Aufstiegs, ohne fremde Hilfe und ohne die Beschwerden aus der Infektionskrankheit, legte sie den Stein an der gleichen Stelle ab, an der sie ihn eingesammelt hatte. Noch heute kann sie sich in diesen Moment einfühlen und daraus Kraft für die kommenden Ziele schöpfen.

19. Dein Weg zum Ziel

Das eigene Ziel zu visualisieren, hilft beim späteren Erreichen. Diese Methode funktioniert auch wunderbar für Teams, wenn ein geeigneter Raum zur Verfügung steht. Durch die parallele Visualisierung werden Austauschpunkte entstehen, die die Zielerreichung zusätzlich erleichtern.

Ziele sind ein wichtiges Element, um uns selbst Orientierung, Motivation und Handlungsfähigkeit zu schenken. Es hilft enorm bei der Erreichung des Ziels, wenn dieses Ziel bewusst aufbereitet wurde.

Als einfache Methode, die man allein oder als Team nutzen kann, um ein klares Bild vom Ziel zu erzeugen, gibt es hier die Methode »Dein Weg zum Ziel«. Einige Elemente wirst du in der Methode »Frischer-Blick-Roadmap« (Seite 228 ff.) wiederfinden, »Dein Weg zum Ziel« macht diese Aspekte noch konkreter für deine Ziele. Alles, was du dafür brauchst, sind ein bisschen Platz, Bilder, Papier, Stift und ein wenig Zeit.

Lege dein Ziel fest! Auf dem Boden

Nimm die Visualisierung aus der Methodenbeschreibung »Positive Ziele wirkungsvoll nutzen« (Seite 194 ff.) und dokumentiere dein Ziel auf einem kleinen Plakat, einer Seite Papier oder mit mehreren Bildern, die zu deinem Ziel passen. Diese Fotos, Bilder et cetera sollen den Zielzustand visualisieren. Wie wird es sein, wenn ich mein Ziel erreicht habe?

Dokumentiere auf ähnliche Weise alle Dinge, die diesen Zielzustand für dich attraktiv machen. Alle Vorteile, Chancen und positiven Veränderungen legst du bitte als Blatt Papier, Foto oder Zeichnung in die Nähe des Ziels. Es mag komisch klingen, doch hilft es, aktiv aus dem Ziel herauszutreten und dann wieder ins Ziel zu gehen und das insbesondere physisch zu tun. Stelle dich auf das Ziel und schau dich um. Ist alles Positive, Attraktive und Erstrebenswerte, das mit der Zielerreichung verbunden ist, sichtbar für dich?

Wie fühlt es sich an, das Ziel erreicht zu haben?
Wenn du auf dein Ziel sehen kannst, die Veränderung durch die Zielerreichung spüren kannst und kein Anziehungspunkt im Zielgebiet mehr fehlt, hast du den wichtigsten Schritt getan. Jetzt kümmern wir uns um den Weg zu diesem wundervollen Ziel.

Lege deinen Startpunkt fest

Entscheide jetzt, wo dein Startpunkt sein soll. Dieser soll repräsentieren, wo du heute stehst, und du kannst ihn beliebig in den Raum legen. Je nach Größe des Ziels kannst du probieren, mit dem Abstand zwischen Startpunkt und Ziel im Raum zu spielen.

Am Startpunkt kannst du alle Dinge aufschreiben, die du als Erfahrungen, Wissen, Talente und Kompetenzen mitbringst. Alles, was auf deinem Weg zum Ziel hilfreich sein kann, findet jetzt einen Platz an deinem Startpunkt.

- Ein toller Freundeskreis?
- Neugierde?
- Flexibilität?
- Du hast mal etwas Ähnliches gemacht?

Lege einfach einen entsprechenden Zettel in deinen Startkreis. Dieser Kreis wird dir deutlich machen, dass du nicht bei null startest. Du hast glücklicherweise Erfahrungen gemacht und einige Dinge aus deiner Vergangenheit werden dir auf dem Weg zu deinem Ziel helfen.

Lege deine Sorgen, Ängste und bekannte Gefahren in deinen Weg

Wie erwähnt, gehört die bewusste Betrachtung von Gefahren und negativen Aspekten unbedingt in den Kontext der Positivität. Welchen Wert hätte das Ziel, wenn wir nicht auf dem Weg zum Ziel einige Hindernisse überwinden würden oder die Veränderung negative Dinge aus unserem Leben entfernen würde?

Genau wie die Anziehungspunkte im Zielgebiet und deine Ressourcen im Startgebiet dokumentierst du jetzt die bekannten Risiken und deine Ängste auf dem Weg zum Ziel. Wo genau? Das entscheidest du. Baue dir selbst eine Art Landkarte zwischen deinem Startpunkt und deinem Ziel.

- Ungeklärte Fragen?
- Ängste?
- Störungen und Abhängigkeiten von außen?
- Bekannte Probleme?

Mach dir all diese Dinge bewusst und gib ihnen einen passenden Platz auf deinem Weg zum Ziel. Selten ist der Weg zum Ziel eine Gerade. Das wäre sehr leicht und enorm langweilig. Er darf auch in deiner Landkarte, die du dir gerade baust, Schlangenlinien haben. Du solltest deiner Erzählung folgen können. Das ist alles.

Sammle jetzt bekannte Gegenmaßnahmen

Bei den bekannten Risiken und Problemen hast du nun sicher eine Lösungsidee. Jetzt ist der Moment für genau diese. Lege diese zu den Problemen und Risiken auf deiner Landkarte.

- Ein Sprachkurs für die Reise in ein fremdes Land,
- regelmäßiger Austausch mit Freunden,
- Beratung mit Experten
- und so weiter.

Pack die Lösungen und Gegenmaßnahmen direkt zu den Sorgen und Problemen, die sich lösen lassen werden. Dadurch hast du jetzt einen Eindruck, an welchen Stellen noch ungelöste Probleme lauern. Dir wird dabei klar, dass einige Probleme gelöst sind und dein Weg zum Ziel folglich deutlich einfacher geworden ist.

Finde deine Zwischenschritte

Jetzt ist es an der Zeit, deine Zwischenschritte oder genauer die Zwischenschritte in deiner Karte zu vermerken. Der gesamte Weg vom Start zum Ziel ist wahrscheinlich zu lang. Teile ihn in Schritte, die für dich machbar und leicht fordernd wirken. Vielleicht orientierst du dich bei den Zwischenschritten an den gelösten Problemen. Vielleicht findest du attraktive Zwischenziele, nachdem du bereits einzelne Probleme lösen konntest.

Die Zwischenschritte kannst du leicht in deine Landkarte einbringen. Wenn sie in Beziehung zu einzelnen Problemen stehen, kannst du das entsprechend markieren. Genau wie du bei den Zwischenzielen deutlich dokumentieren kannst, welche Herausforderungen du gelöst haben wirst. Sammle genau wie beim Gesamtziel alle Dinge, die dieses Zwischenziel attraktiv machen.

Vereinbare mit dir selbst eine Belohnung, die du dir selbst schenkst, wenn dieses Zwischenziel erreicht ist.

- Eine Massage nach zehn Tagen ohne Rauchen?
- Eine zusätzliche Übernachtung in einem schönen Hotel entlang deiner Wanderung durch Europa?
- Einen Eintrag im Journal an Tagen, an denen du mehr vom Zwischenziel erreicht hast als geplant?

Du wirst die passenden Zwischenziele und Zwischenbelohnungen leicht finden. Durch das Aufteilen der gesamten Zielstrecke in Zwischenziele werden die Zwischenziele erreichbarer und du wirst insgesamt motivierter. Die Zwischenziele sollen dir helfen, von X-Spot zu X-Spot zu springen. Es soll immer klar sein, dass das nächste Zwischenziel erreichbar ist. Dadurch wird philosophisch der Weg zum Ziel.

Buddha wird folgender Satz zugeschrieben: »Es gibt keinen Weg zum Glück. Der Weg ist das Glück.« Ich denke, Buddha hatte eine ähnliche Methode im Sinn, als er das gesagt hat.

Es gibt keinen Weg zum Glück.
Der Weg ist das Glück.

Buddha

Laufe mehrere Male deinen Weg zum Ziel

Jetzt stell dich auf den Startpunkt. Mach dir deutlich, welche Erfahrungen, Startbedingungen und Ressourcen dort vorhanden sind. Denke kurz an das Gesamtziel und wozu du dieses erreichen willst. Jetzt fokussiere dich auf das erste Zwischenziel. Folge deiner Landkarte, dem roten Faden und erzähle dir selbst die Geschichte, wie du dieses Zwischenziel erreichen wirst. Wann immer du bemerkst, dass noch eine Frage offen ist, du noch eine Störung empfindest, notiere sie kurz und dokumentiere sie entweder als Chance, Ressource, Problem, Frage ..., was auch immer es ist. So steigerst du nach und nach die Qualität deiner Vorbereitung.

Nach wenigen Durchgängen mit Ergänzungen kommst du im Ziel an. Die Erreichung deines Ziels ist jetzt plausibel mit Gefahren und Risiken genau wie Chancen, Ressourcen und den Vorteilen aus der Zielerreichung unterlegt. Gehe diese Landkarte bewusst drei- bis viermal und erzähle dir selbst die Geschichte, wie du dein Ziel erreichen wirst.

Auf geht's!

Jetzt ist der Moment gekommen, loszulaufen. Was auch immer dein erstes Zwischenziel ist ... Was ist der nächste Schritt auf dem Weg zum Zwischenziel? Was kannst du heute tun, um deinem Zwischenziel näher zu kommen?

Genieße es!

Dokumentiere all deine Erfahrungen und Erfolge auf dem Weg zu deinen Zielen. Wann immer du eines deiner Zwischenziele erreicht hast, ist es Zeit, deinen Erfolg zu feiern. Belohne dich auf die Art und Weise, die du mit dir selbst vereinbart hast. Mach dir bewusst, was du erlebt hast. Freue dich über die Strecke, die du zurückgelegt hast. Spüre, was sich jetzt durch das Erreichen eines Zwischenziels in deinem Leben positiv verändert hat. Sei dir selbst und allen, die dir auf deiner Reise geholfen haben, dankbar.

Hier der Screenshot einer E-Mail, die ich viele Jahre nach meinem Wirken in diesem Team erhalten habe:

Hi Armin,

Wie geht's Dir? Ich hoffe gut ☺

vielleicht erinnerst Du Dich noch an den Motorsport begeisterten [geschwärzt] aus dem [geschwärzt] ☺ Ich habe letzte Woche meine Ausbildung erfolgreich abgeschlossen und wollte mich bei Dir bedanken! Du hast mir geholfen, meine Ziele realistisch, attraktiv und erstrebenswert zu gestalten.

Dadurch habe ich so viel mehr erreichen können.

Das macht mich sehr glücklich und ich werde unsere gemeinsame Zeit nie vergessen!

Ich wünsche Dir alles Gute und hoffe, dass wir uns in Zukunft mal über den Weg laufen ☺

Viele Liebe Grüße

IV.
Positivitätsmethoden für Familie & Co.

1. Glas der Erlebnisse

Das Glas der Erlebnisse ist eine gute und simple Methode. Sie eignet sich wunderbar für Familien, gerne mit kleinen Kindern, Teams und Einzelpersonen. Das Glas der Ereignisse hilft dabei, die Eindrücke, die wir in einem bestimmten Zeitraum gesammelt haben, zu reflektieren. Genau darum geht's. Das Sammeln, das Reflektieren und das nächste Sammeln.

Das Sammeln

Alles, was benötigt wird, ist eine Schüssel, ein großes Glas mit Deckel, ein altes Einmachglas ... Eben irgendwas, in das viel reinpasst, das idealerweise transparente Außenwände hat und unabhängig vom Inhalt schön aussieht.

Glas der Erlebnisse

Du sammelst alle Dinge, die dich an Reisen, Orte, Konzerte, Events, ... erinnern, in diesem Glas. Das heißt, ein U-Bahn-Ticket erinnert dich an deine Asienreise? Rein damit. Die Konzertkarte von deinem Lieblingssänger? Rein damit. Eine selbst geschriebene Notiz vom letzten Abend mit einer Reisegruppe, vielleicht mit allen Unterschriften? Rein damit. Der Schnipsel mit deiner persönlichen Bestleistung vom Trainingslager? Rein damit. Das Namensschild einer Konferenz, die dir Freude bereitet hat? Rein damit.

Alle Dinge, mit denen du schöne Momente, Erfolge, nette Menschen und gute Gefühle verbindest, dürfen hier rein. Wenn die Familie mitsammelt, dürfen gerne winzige Kleinigkeiten in das Glas der Erlebnisse wandern. Nicht selten ranken sich darum lebhafte Erinnerungen, die beim Reflektieren schöne Gefühle, gemeinsames Lachen und Dankbarkeit wecken.

In modernen Zeiten kann das in einem geteilten Fotoalbum passieren, was ich nur empfehlen würde, wenn die beteiligten Personen normalerweise selten an einem Ort zusammenkommen. Sobald ein gemeinsamer Ort existiert, ist der haptischen, tastbaren Variante immer der Vorzug zu geben. Wie wir im Kapitel »VAKOG-Momente speichern« (Seite 164ff.) beschrieben haben, helfen uns unsere Wahrnehmungen, direkt mit unseren Gefühlen und Erinnerungen in Kontakt zu treten. Die bestimmte Haptik der Eintrittskarte, der Tropfen Schweiß auf der Urkunde oder die zerknitterte, weit gereiste Notiz können lebendige Erinnerungen wachrufen.

Das Reflektieren

Egal, ob du ein echtes Glas gefüllt hast oder ob du an einem geteilten Album mit deinen entfernt wohnenden Freunden beteiligt bist, der schönste Teil am Glas der Erlebnisse ist das Öffnen und Reflektieren.

Alle am Sammeln beteiligten Personen sollten anwesend sein und Zugriff auf die Dinge haben, die aus dem Glas rausfallen. Ein großer Tisch ist der ideale Ort, um den Schatz an Erlebnissen zu öffnen und einfach in die Mitte zu schütten.

Jetzt können die Dinge sortiert und in eine zeitliche Reihenfolge gebracht werden, was sich bei Trainingsnotizen, Urlaubserinnerungen und ähnlichen Dingen anbietet, die eine chronologische Ordnung haben. Die typischen Familiensammlungen sind manchmal eher turbulent und nicht zu ordnen, das ist wunderschön. Nicht immer sind unsere Erinnerungen klar zu strukturieren, somit müssen das unsere Erinnerungsstücke auch nicht sein.

Egal, ob sortiert oder nicht, jede beteiligte Person nimmt sich ein Erinnerungsstück aus der Mitte und erzählt die passende Geschichte, die mit diesem Stück in Verbindung steht. Die anderen Personen hören aufmerksam zu, versuchen, mit in diesen Moment zu reisen und sich in die Situation hineinzufühlen. Ihr werdet Spaß dabei haben, diesen Moment noch mal anzureichern und mit Leben zu füllen. Hier helfen die VAKOG-Tipps. Es entsteht nach und nach eine Art Erinnerungs-Dia-Show und jede Person, die an der Sammlung beteiligt war, kann diese Erinnerungen noch einmal teilen und durchleben. Ich bin sicher, dass dies eine wunderbare gemeinsame Situation erschafft, an die genau wie an die Erinnerungen gerne zurückgedacht wird. Je nach Inhalt des Glases und der Vielzahl der erzählten Geschichten kann das Reflektieren einen Abend füllen, oder es wird einfach in eine vorhandene Zeremonie, zum Beispiel im Weihnachtsurlaub, integriert.

Einige Erinnerungsstücke werden jetzt nicht mehr benötigt und können entsorgt werden. Schnell werden sich Stücke finden, die unbedingt noch in den persönlichen Schatz der Erinnerungen aufgenommen werden. Am Ende sollte das Glas der Erinnerungen leer sein und alle Geschichten und Erinnerungen, die erzählt werden wollten, sollten erzählt worden sein. Sicherlich sind einige Dinge zur Sprache gekommen, die in Vergessenheit geraten wären oder in den turbulenten Zeiten nicht mehr angesprochen worden wären.

Das Glas der Erinnerungen ist ein vielseitiges Werkzeug. Ein trainierender Läufer kann Motivation aus den alten persönlichen Bestleistungen und deren Veränderungen ziehen. Ein Kind freut sich an den Erinnerungen an schöne Spielplätze, an denen es gespielt hat. Ein älterer Mensch freut sich an den großartigen Konzerten und Museen, die besucht wurden. Unendliche Möglichkeiten und viel Freude!

Das nächste Sammeln

Bei all der Freude dürfen wir eines nicht vergessen: Nach dem Reflektieren ist vor dem Reflektieren. Die beteiligten Personen legen fest, wann das nächste Mal in das Glas der Erlebnisse geschaut werden soll, und alle beginnen von Neuem, Erinnerungsstücke zu sammeln und diese in das Glas zu packen.

Hier findet jetzt ein Priming-Effekt statt, denn alle Beteiligten wissen jetzt, wie der Prozess funktioniert, und freuen sich auf das angenehme Zusammentreffen und das Teilen der Erinnerungen im Rahmen der Reflexion. Gerade Kinder sind begeisterte Sammler: »Darf ich diese Eintrittskarte später in das Glas der Erinnerungen stecken? Ja, dann pass ich gut darauf auf!«

Das Glas wird sich erneut mit wertvollen Momenten jeder Art füllen und es wird allen Sammelnden deutlich, wie viele schöne Erlebnisse unser Leben bereichern.

2. Fotoalben

Der Methode »Glas der Erlebnisse« kommt eine alte und heute fast unübliche Positivitätsmethode nahe: Fotoalben.

Mit jedem Smartphone werden Bilder geschossen, zu jedem Zeitpunkt, auf jedem Fleck dieser Erde. Es gibt eine unendliche Menge an Fotos, die tolle Geschichten erzählen könnten, Erinnerungen wachrufen oder ein Gespräch starten könnten. Leider passiert dies viel zu selten. Nur wenige Menschen nehmen sich die Zeit, die Fotos auszuwählen, Sammlungen zu einem Thema zusammenzustellen oder einfach nur die persönlichen Dinge auszusortieren, um die Fotos vorzeigbarer zu machen. Ich möchte einige Ideen teilen, wie man diese Fotos dennoch sinnvoll nutzen kann.

Geteilte Alben

Wir haben für die gesamte Familie eine Fotofreigabe, in die alle Fotos legen dürfen. So erfahren die weiter entfernt wohnenden Familienmitglieder davon, dass die kleine Nichte ein großartiges Tier auf dem Spaziergang gefunden und fotografiert hat. So können die weiter weg wohnenden Schwiegereltern Eindrücke aus dem normalen Leben erhalten und durch Kommentare Fragen stellen oder einfach die Bilder genießen. Nicht selten drehen sich die ersten Gespräche auf einem Zusammentreffen um die Fotos und Bilder der letzten Wochen. Diese Bilder können zwar das echte Zusammentreffen nicht ersetzen und doch ermöglichen sie einen Einblick in das Leben, welches dreihundert Kilometer weiter weg passiert.

Die Möglichkeiten des Internets machen die Nutzung und Teilnahme an diesen Freigaben so einfach, dass auch ältere Menschen mit Leichtigkeit und Freude in den Alben stöbern. Immer wieder gräbt meine Schwiegermutter alte Fotos aus den Online-Fotoalben aus, die für mich selbst lange in Vergessenheit geraten waren.

Schöne Erinnerungen wirken leider nur, wenn wir uns an sie erinnern.

Papieralben/Fotobücher

Eine andere, leider in Vergessenheit geratene Variante, sich diese vielen Bilder und Fotos langfristig zunutze zu machen, sind Fotoalben. Neuerdings wohl eher als Fotobücher bezeichnet, kann man bei verschiedenen Anbietern eine Sammlung von Bildern in ansprechendem Format drucken lassen.

Die Bilder und Fotos, die sonst unsichtbar für andere Familienmitglieder auf dem Speicherchip liegen, können einfach bei verschiedenen Fotobuch-Druckereien gedruckt werden. Wenn Besuch kommt oder die Familie aus anderem Grund zusammentrifft, können die Bücher ausgelegt oder in einem sichtbaren Regal platziert werden. Das sorgt mit absoluter Sicherheit für spannende Fragen und einen noch besseren Austausch danach.

Ein wesentlicher Faktor ist, dass diese Bücher nach Jahren noch aus dem Regal gezogen werden und man über tolle Erinnerungen von damals sprechen wird. Die Fotos und Videos auf dem Smartphone liegen dann lange unauffindbar im Irgendwo. Ich komme aus der IT-Branche und kenne kaum jemanden, der seine alten Fotos auf irgendeine Weise zugreifbar macht und somit zu einem wertvollen Gespräch über den letzten Urlaub oder zum Schwelgen in Erinnerungen einlädt.

Postkarten

Wie ich bereits vorab beschrieben habe, versende ich immer wieder Postkarten. Natürlich ist da auch mal eine Postkarte dabei, die ich direkt bei einer Sehenswürdigkeit gekauft und dann an meine Eltern geschickt habe.

In den meisten Fällen möchte ich einen schönen Moment in Erinnerung rufen. Es gibt viele Anbieter für Postkarten mit eigenen Fotos im Internet. Hier kann jeder Kunde selbst entscheiden, welche Erinnerungsfotos auf die Postkarte gedruckt werden sollen. Schick den Menschen, die dir wichtig sind, eine Postkarte vom letzten Besuch, vom letzten gemeinsamen Urlaub oder von der letzten Familienfeier. Damit rufst du diese Erinnerungen bei dir und den Empfängern wach und hast erneut die digitalen Fotos und Bilder genutzt, um die Welt für dich und deine Mitmenschen ein bisschen schöner zu machen.

Besonders häufig habe ich derartige Postkarten benutzt, wenn meine Kinder für längere Zeit im Ausland waren. So kamen immer wieder Postkarten von Mama und Papa bei den Kindern an, sie wussten, dass wir an sie denken, und konnten sich ohne Heimweh auf die Dinge konzentrieren, die im Ausland auf sie gewartet haben.

3. Urlaubsvorbereitungen

Meine Familie macht selten Urlaube, bei denen komplett geplant und klar ist, was wir erleben werden. Das bedeutet, mal übernachten wir bei Privatpersonen, weil die Route nicht wie geplant funktioniert hat. Ein anderes Mal verlieren wir die Luft eines Reifens mitten in einem Reservat, in dem Aussteigen explizit verboten ist, da Gefahr durch Raubkatzen droht. Nicht immer waren unsere Kinder Feuer und Flamme, solche Reisen zu unternehmen. Wir Erwachsenen hatten immer wieder Ängste und Sorgen, die uns vor der Abreise beschäftigten. Ich habe einen Weg gesucht, mit diesen Sorgen und Ängsten umzugehen und sie in positive und wirksame Maßnahmen zu überführen. Dadurch würden die Sorgen weniger und jeder könnte sich an dieser Verbesserung aktiv beteiligen.

Ich denke, dass diese Methode für die Familie oder Teams bis zu zwölf Personen vor einem bestimmten Ereignis sinnvoll ist. Egal, ob eine Urlaubsreise, ein Turnier oder ein wichtiger Projektabschluss bevorsteht, diese Methode kann die Sorgen und Ängste aller ansprechbar machen und gleichzeitig allen

Beteiligten die Möglichkeit bieten, sich einzubringen und dadurch positiv wirksam zu werden. Wie wir wissen, fühlt sich das für beide Beteiligten, Sender und Empfänger, gut an.

Für die Vorbereitung brauchst du nur eine angemessen große, freie Wand. Dazu noch Stifte und Klebezettel. Jeder Teilnehmer sollte ausreichend Klebezettel und einen Sitzplatz vor der Wand haben. Idealerweise sitzen alle in einem Halbkreis vor der Wand, sodass sich alle sehen können und die Wand im Blick haben.

Aufgabe ist es, auf die jeweilige Frage mit einzeln auf Klebezettel notierten Antworten zu reagieren. Die einzelnen Fragen werden nach und nach von einem Moderator aufgehängt. Die Antworten sollten keine Schriftzeichen, Worte und Zahlen beinhalten. Idealerweise nur Bilder und gezeichnete Abbildungen. Es ist einfacher, sich Erinnerungen und Wünsche in Form von Bildern und Zeichnungen vorzustellen. Diese müssen nicht besonders schön sein, sondern einfach die Botschaft transportieren.

Nachdem alle Teilnehmer ihre Antwortklebezettel an die Wand geklebt haben, werden alle Motive und Zeichnungen von den Teilnehmern erläutert. So verstehen alle Teilnehmer den Inhalt. Die Klebezettel müssen keine Kunstwerke sein. Jeder darf so viele Punkte anheften, wie ihm zur jeweiligen Frage in den Sinn kommen.

Die erste Frage ist: Wenn du zum Beispiel an den Urlaub denkst, worauf freust du dich?

Vielleicht kommen jetzt Klebezettel mit Strandkörben, Sonnenuntergängen, Tieren, Sportarten und so weiter. Die Teilnehmer hängen ihre Punkte an die Wand. Danach gibt es eine kleine Erklärungsrunde, jeder Klebezettel wird kurz erklärt. Es kann von Vorteil sein, mit dieser Frage viel Zeit zu verbringen.

Je lebendiger die Schilderungen und Erklärungen sind, umso mitreißender sind die Bilder, die bei allen Zuhörern entstehen.

Vielleicht gibt es Aha-Effekte, wenn sich jemand auf etwas freut, was den anderen Teilnehmern gar nicht bewusst war. Dadurch steigert sich die Vorfreude zum Beispiel auf den Urlaub enorm. Würde ein Trainer zum Beispiel vor dem Turnier schildern, dass er sich darauf freut, dass jetzt die seltene Chance besteht, den Aufstieg in die nächste Liga zu sichern, schafft dies Begeisterung und Vorfreude.

Die zweite Frage lautet: Wenn du zum Beispiel an den Urlaub denkst, was bereitet dir Sorge? (Wenn das möglich ist, kommen jetzt Klebezettel einer anderen Farbe zum Einsatz.)
Vielleicht kommt jetzt das Flugzeug für die Teilnehmer mit Flugangst, eine Schulbank für die geplante Tauchprüfung oder eine Schlange für die wilden Tiere, die im Urlaub zu sehen sein werden. Alle Punkte werden mit Respekt und Ernst akzeptiert. Selbst wenn eine scheinbare Kleinigkeit an die Wand geklebt wird, war sie der Person so wichtig, dass ein Zettel dafür geschrieben wurde. Nach dieser Sammlung von Punkten werden alle Themen besprochen, erklärt und transparent gemacht. Alle Teilnehmer sollten aufmerksam zuhören. Es fällt sicher nicht immer leicht, über die Sorgen und Ängste zu sprechen, es ist jedoch eine große Chance, jetzt Antworten für die dritte und letzte Frage zu finden.

Die abschließende Frage lautet: Wenn du jetzt die Ängste und Sorgen der anderen Teilnehmer siehst, was kannst du jetzt oder zum Beispiel während des Urlaubs tun, um diese Sorgen zu lindern beziehungsweise aufzulösen?

Ein kleines Beispiel: Mein Sohn hatte mir einmal angeboten, meine Flugangst dadurch zu lindern, dass er sich neben mich setzen würde. Ich konnte seine Angst vor der geplanten Tauchscheinprüfung dadurch lindern, dass ich mit ihm über Tauchen und die Fragen der Prüfung sprach. So war ich abgelenkt und er konnte seine Fragen zum Tauchsport stellen. Wir beide hatten ein großartiges Gefühl, als wir in den Flieger stiegen.

Alle Teilnehmer können etwas Konkretes beitragen, um die Sorgen zu lindern oder die Ängste zu reduzieren. Das muss nicht immer direkt einen Bezug auf einen Punkt aus der zweiten Frage haben, doch aus den bisherigen Fragen und Erklärungen ist eine Stimmung entstanden, die möglicherweise zu scheinbar verrückten Vorschlägen führt. Genau diese haben jedoch das Potenzial, wirklich hilfreich zu sein.

Jetzt können sich alle Teilnehmer zum Beispiel an der Urlaubsreise in Ruhe vorbereiten, sie kennen die Sorgen und Ängste der Mitreisenden und wissen, worauf sich die anderen besonders freuen. Damit haben wir die meisten Reisen vorbereitet und durften gute Erfahrungen damit sammeln. Wichtig ist, dass alle Teilnehmer einen Beitrag leisten können. Besonders kleine Kinder spüren Selbstwirksamkeit. Vielleicht ist es ja die Aufgabe des Vorschulerkindes, eine Postkarte für die Familie zu Hause zu gestalten oder zu notieren, welche Tiere die Familie gesehen hat, damit nach dem Urlaub alle Tiere in den Erzählungen vorkommen und keines vergessen wird.

V.
Positivitätsmethoden für Teams & Co.

In diesem Kapitel habe ich einige Methoden gesammelt, um bei einem Teammeeting, Mannschaftstreffen oder ähnlichen Zusammenkünften auf fast spielerische Art für eine positive Perspektive zu sorgen.

Wie bereits betont, funktioniert Positivität immer nur mit dem Fokus auf die eigene Person. Die in diesem Kapitel folgenden Methoden verstehen sich als Einladung, nicht als zwanghafte Vorgabe. Sollte eine Person im Teilnehmerkreis nicht an der Methode teilnehmen wollen, ist es aus Respekt geboten, auf die Methode für Einzelne oder alle Teilnehmer zu verzichten.

1. Dankbarkeits-Wanderpokal Mahalo

Inspiriert durch das wunderbare Buch »The Happiness Advantage« von Shawn Achor, habe ich vor vielen Jahren die folgende Methode ausprobiert, die mittlerweile in einige Firmen, Teams und Familien erfolgreich im Einsatz ist. Ich bekomme immer wieder tolle Rückmeldungen, wie einfach so ein kleiner Störenfried im Büro für gute Laune und bessere Kommunikation sorgen kann. Wenn du Interesse daran hast, in den acht Stunden, die du im Büro verbringst, mehr Spaß zu haben, dann solltest du das hier ausprobieren.

Immer wieder begegne ich Menschen, die seit vielen Jahren im gleichen Team arbeiten. Oft scheinen Dankbarkeit und Freude aus dem Alltag verschwunden zu sein. Wozu führt das? Viele der Small-Talk-Themen am Kaffeeautomaten ranken sich um die Fehler der anderen.

- Hast du gehört, Gabi hat letzte Woche wieder vergessen ...?
- Der Azubi kam gestern wieder zu spät, der muss jetzt dann aufpassen ...!
- Die Chefetage war letztes Wochenende auf Tagung ... Na, ob da außer gutem Essen überhaupt etwas Sinnvolles besprochen wurde ...!?

Das entsteht zum einen aus dem Bedürfnis, überhaupt etwas zu besprechen, und zum anderen aus dem Mangel an anderen Themen, über die man sprechen könnte. Die leicht verfügbaren Themen sind jene, die nun mal zu einem Büroalltag gehören und immer für ein kleines bisschen Aufsehen sorgen: die Probleme und Fehler der anderen Mitarbeiter oder der Chefs. Die wenigsten Menschen verfolgen dabei eine negative Absicht oder böse Hintergedanken, sie sind sich einfach ihrer Wirkung nicht gewahr. Die wenigsten Mitarbeiter in einem Büro sind sich darüber im Klaren, welchen negativen Einfluss es auf die eigene Stimmung hat, wenn (fast) nur über die Probleme und Fehler gesprochen wird.

An dieser Stelle des Buchs ist klar, worüber die Mitarbeiter im Büro stattdessen sprechen sollten:

- Dinge, für die sie dankbar sind,
- Hilfe, die sie empfangen haben,
- kleine Erfolgsgeschichten.

Hier kommt der Mahalo zum Einsatz. »Mahalo« ist Hawaiianisch für »Danke« oder »Dankbarkeit«. Der Mahalo fungiert als eine Art Wanderpokal auf der Etage oder im Team und regt die Menschen dazu an, über positive Dinge zu sprechen.

Ein kleines Beispiel: Du bist im Büro und hast gestern einem Kollegen, der lange gearbeitet hat, einen Kaffee gebracht, kurz mit ihm gesprochen und dich dann verabschiedet. Genau so tust du das immer mal wieder und das ist für dich nichts Besonderes. Der Kollege ist grundsätzlich dankbar, hat just in dem Moment keine Zeit, sich bei dir zu bedanken, und am folgenden Tag ist die Tasse Kaffee eine Lappalie, für die man sich nicht bedankt. Selbstverständlichkeit.

Wie ein Mahalo diese Situation verändert: Du bist im Büro und bringst deinem Kollegen, der lange arbeiten muss, eine Tasse Kaffee. Nach einem kurzen Gespräch verabschiedest du dich und der Kollege geht weiter seiner Arbeit nach. Am nächsten Morgen kommt der Kollege zu dir, stellt dir die Mahalo-Plüschfigur auf den Schreibtisch und sagt: »Hey, Danke. Deine Tasse Kaffee kam gestern genau zum richtigen Zeitpunkt. Ab da wusste ich, wie ich es lösen kann. Vielen Dank! Hier, der Mahalo ist jetzt bei dir. Pass gut auf ihn auf!«

Jedes Mal, wenn du zurück an deinen Arbeitsplatz kommst, erinnert dich der Mahalo daran, dass du etwas Gutes getan hast, selbstwirksam warst und einem anderen Menschen eine Freude bereitet hast.

Ab und an kommen andere Mitarbeiter zu dir und fragen: »Hey, du hast den Mahalo! Super. Woher und warum hast du ihn?« »Den habe ich von Klaus bekommen, weil ich ihm eine Tasse Kaffee gebracht hatte, als er mal wieder lange am Grübeln war!« »Nett von dir. Du darfst mir auch mal eine Tasse vorbeibringen!«

Nach ungefähr einer Woche hast du ein Problem mit einer Tabellenkalkulation und du kommst einfach nicht weiter! Beim Mittagessen erzählst du das deinen Kollegen und Kolleginnen und eine von ihnen hilft dir nach dem Mittagessen schnell, das Problem zu lösen. Bevor die Dame deinen Schreibtisch verlässt, gibst du ihr den Mahalo: »Hey, Gabi. Danke für die tollen Tipps jetzt gerade. Hier, den Mahalo hast du dir mehr als verdient. Ich bin dir echt dankbar. Ich wusste gar nicht, dass du so fit in Tabellenkalkulationen bist!«

Der Mahalo wandert jetzt immer wieder im Büro herum und wenn alle Beteiligten mitmachen, ändert sich das Erzählmuster im Büro deutlich.

- Positive Dinge, für die wir dankbar sind,
- versteckte Fähigkeiten, die wir noch gar nicht kannten (zum Beispiel Tabellenkalkulation),
- positive Kontaktaufnahmen,
- kein Raum für die Tragödien und Probleme im Büro.

Es bildet sich ein wertschätzender, leichter und absolut positiver Dialog. Ab jetzt können sich Menschen über ihre Fähigkeiten, Bedürfnisse und Probleme samt deren Lösung austauschen. Wie so oft geht es bei dem Mahalo nicht darum, Probleme und Sorgen komplett zu verdrängen, sondern einen Ausgleich im Anteil an der gemeinsamen Redezeit zu schaffen. Die guten Dinge, die kleinen Erfolge, die Lösungen und Chancen dürfen gehört werden.

In einer früheren Version dieser Methode habe ich mir als Plüschtier die Figur des »Grüffelos« ausgesucht. Das ist ein wunderbares Märchen für Kinder im Vorlesealter und sowohl das Märchen als auch die Figur sind gleichermaßen schrecklich und wunderschön (Scheffler/Donaldson 2002). Der neue und neutrale Name »Mahalo« kommt aus einer Firma, die diese Methode erfolgreich an mehreren Standorten einsetzt.

»Hallo Armin, wollte Dich nur eben mal wissen lassen, dass der Mahalo seit 2018 hier die Runde macht. Nun startet er einen Ausflug nach Belgien in unser Hauptquartier und ich bin gespannt, ob er dort ›versandet‹ oder weiter aktiv für positive Wahrnehmungen sorgt.
Schöne und erfolgreiche Woche wünsche ich Dir.«

2. Roadmap

Eines der wichtigsten Werkzeuge aus der modernen Produktentwicklung ist die Roadmap. Einfach gesagt, ist die Roadmap der Versuch, die Abfolge der notwendigen Schritte für das Erreichen eines Ziels zu dokumentieren. Dort werden dann einzelne Stationen vermerkt, terminiert und es entsteht eine Idee, wie lange das Gesamtvorhaben wohl dauern wird. Diese Methode kann wunderbar für Urlaubsplanung, Trainingsabfolgen, Familienvorhaben und vieles mehr eingesetzt werden. Dadurch, dass die Stationen einer Reise aufgezeigt und damit transparent werden, können alle Teilnehmer dieser Reise besser verstehen, was sie erwarten wird. Somit können sich alle an der Planung und Vorbereitung beteiligen.

Die Vorfreude auf besondere Stationen der Reise, Begegnungen auf der Reise oder andere Highlights der Reise kann leicht geweckt werden. Eine gute Methode, um eine Roadmap für deine konkreten Ziele zu erstellen, findest du in der Methodenbeschreibung »Dein Weg zum Ziel« (Seite 200 ff.).

Für normale Roadmaps reicht es, sich folgende Fragen zu stellen und die Antworten in ihrer zeitlichen Reihenfolge auf einen Zeitstrahl zu zeichnen:

- Wo bin ich heute?
- Wohin möchte ich?
- Welche Schritte auf dem Weg dahin sind mir heute bekannt?
- Welcher Schritt wird wie lange dauern?

Diese Roadmaps sind weitverbreitet und keine Besonderheit. Ich habe zwei Varianten in meinem Arbeitsleben ausprobiert und die möchte ich gerne teilen.

Roadmap in die Vergangenheit

In den meisten Firmen- und Produktkontexten sind die Roadmaps in die Zukunft ausgerichtet. Wenige mir bekannte Teams und Firmen nutzen die Roadmap im Nachhinein zur Erfolgs- und Fortschrittskontrolle. In meinen bisherigen Teams stellte es sich als sinnvoll heraus, eine offen sichtbare Roadmap im Teamraum aufzuhängen. Immer wieder kamen Kollegen vorbei und sprachen über die verrückten Geschichten von damals. Selbst die großen Probleme und Herausforderungen der Vergangenheit wurden im Gespräch immer mit spannenden Geschichten unterlegt. Insgesamt waren die Gespräche zur Roadmap in der Vergangenheit immer positiv.

Um diesen Effekt bewusst ins Team zu holen, helfen sicherlich ein paar passende Fragen:

- Welche Erfolge haben wir erreicht?
- Welche überraschende Herausforderung haben wir gemeistert?
- Wo haben wir als Team besonders gut funktioniert?
- Wo haben wir wichtige Dinge aus unseren Fehlern gelernt?
- Wer kam wann ins Team? Wer hat uns verlassen?
- Welche Fähigkeiten, Prozesse oder Talente haben uns damals geholfen?
- Welches Problem ist so ähnlich wie das, welches gerade in der nahen Zukunft vor uns liegt?

So füllt sich die Roadmap mit Elementen, zu denen die Mitarbeiter eine persönliche Beziehung haben. Ich nenne diesen Schritt das Sammeln von Ressourcen. Das Team lernt, welche Fähigkeiten und Erkenntnisse es sammeln durfte, die heute immer noch zur Verfügung stehen.

Ein anderer wichtiger Faktor ist natürlich, dass sich die Teammitarbeiter selbst vor Augen führen, welche Wirkung sie hatten. Damit triggern sie ihre Selbstwirksamkeit und bauen unterbewusst Resilienz auf. Sich klarzumachen, welche damals unlösbar scheinenden Herausforderungen man bereits gelöst hat, sorgt für Selbstvertrauen in die Zukunft bei ähnlichen Herausforderungen.

Dieser Effekt alleine rechtfertigt die Roadmap.

Frischer-Blick-Roadmap

Aus diesen Erfahrungen habe ich eine weitere Variante entwickelt. Diese lässt sich wunderbar in einem Team oder einer Mannschaft zum Einsatz bringen. Idealerweise in einer großen Videokonferenz mit bis zu zehn Teilnehmern. Ich verwende in den Screenshots das Werkzeug Miro (https://miro.com). Nach kurzer Vorbereitungszeit sollte das allerdings auch in allen anderen gängigen Grafiktools dieser Art durchführbar sein.

Ziel dieser Methode ist es, jedem Teilnehmer einen Blick auf die Vergangenheit, die Gegenwart und die nahe Zukunft zu bieten. In Abgrenzung zu »Der Weg zum Ziel« kann diese Methode dabei helfen zu klären, welches Ziel in der Zukunft verfolgt werden sollte. Die Methode besteht aus fünf Durchläufen für alle Teilnehmer, die dann für sich selbst bestimmte Fragestellungen an einem Zeitstrahl beantworten und darstellen.

Jede teilnehmende Person startet mit einem leeren Zeitstrahl: Vergangenheit, heute und damals. Eine konkrete zeitliche Einordnung mit Daten oder eine Achseneinteilung ist nicht notwendig. Die teilnehmende Person kann alles Weitere nach Belieben auf dem Zeitstrahl verteilen. Dadurch ist es möglich, dass der Zeitstrahl bei einer Person zwei Monate umspannt und bei einer anderen Person vierzig Jahre. Das ist völlig okay.

1. Durchlauf: Zeitstrahl befüllen

Die Teilnehmer werden eingeladen, den Zeitstrahl zu befüllen. Idealerweise eine ausgewogene Verteilung von Events in Vergangenheit und Zukunft. Diese erste Befüllung dient der Orientierung. Der Teilnehmer darf ein Gefühl für den Zeitstrahl entwickeln. Dinge, die unter dem Zeitstrahl aufgetragen werden, haben eher negativen Charakter. Dinge, die über dem Zeitstrahl liegen, haben positiven Charakter.

2. Durchlauf: Vergangenheit bewusst betrachten

Wie bereits bei der Roadmap in die Vergangenheit werden die Teilnehmer jetzt Ressourcen und Erkenntnisse aus der Vergangenheit sammeln. Das heißt, die Events der Vergangenheit werden daraufhin analysiert, wie sie uns heute helfen.

- Damals habe ich im Krankenhaus das Lesen für mich wiederentdeckt.
- Der Ausfall damals ist der Grund, warum wir heute freitags keine Updates machen.
- Ich mache seit dem Tod von Claudia mit allen meinen Freundinnen einen monatlichen Mädelsabend. Meine Freundinnen sind mir heilig!

Was immer die Teilnehmer als Erkenntnis oder Ressource erkennen, ist es wert, in der Vergangenheitsbetrachtung erwähnt zu werden.

3. Durchlauf: Zukunft bewusst füllen

Jetzt tragen die Teilnehmer ihre Ziele, Vorhaben und Chancen in ihrer Zukunft ein. Egal, was es ist, die Teilnehmer sammeln, was immer sie in ihrer Zukunft erreichen möchten.

- Besondere Begegnungen,
- spannende Herausforderungen,
- Events,
- Trainings et cetera.

4. Durchlauf: die Verbindung herstellen

Die Teilnehmer stellen fest, wo die zukünftigen Events und Ereignisse von den Erkenntnissen aus der Vergangenheit und den damit verbundenen Ressourcen profitieren. Dadurch werden die Resilienz und die Selbstwirksamkeit bewusst wahrnehmbar. »Wenn ich ABC und DEF geschafft habe, schaffe ich XYZ locker!«

Ziel ist es, dass die Teilnehmer entweder neue, attraktive Ziele entdecken oder die vorhandenen Aspekte der Zukunft mit mehr Zuversicht und positiver Erwartung betrachten.

5. Durchlauf: Zukunft bewusst übertreiben

Jede teilnehmende Person stellt den anderen Teilnehmern kurz die ihr relevanten Aspekte der Zukunft vor. Das heißt, sie erzählt kurz, was sie in ihrer Zukunft gestalten und erreichen wird. Hierbei bindet sie die Erfahrungen aus der Vergangenheit, nicht die vergangenen Erlebnisse selbst, ein.

Jetzt beginnen die anderen Teilnehmer, die Zukunft zu überfüllen!

- Aus »Ich schreibe ein Buch« wird »Klaus, ich denke, du wirst mindestens zwanzig Leserbriefe im Monat bekommen!«
- Aus »Ich fahre Fahrrad« wird »Gabi, ich sehe dich die Alpen mit dem Rad überqueren«.
- Und so weiter.

Die Geschichte, die die teilnehmende Person sich selbst erzählte, wird jetzt von den anderen Teilnehmern weitergesponnen. Das darf verrückt werden, das darf auf den ersten Blick unrealistisch erscheinen. Es geht darum, dass die Person, die die Zukunft gestaltet hat, das aus ihrem Regel- und Grenzsystem heraus getan hat. Die anderen teilnehmenden Personen unterliegen diesen Regeln nicht und können so wilde Inspirationen erfinden. Vielleicht ist eine Inspiration so attraktiv, dass sie irgendwann umgesetzt wird. Ab jetzt haben alle Teilnehmer viel Freude. Die Zukunft sieht üblicherweise rosig und erstrebenswert aus. Jetzt kann der nächste, der erste kleine Schritt getan werden.

3. Priming Cards

Diese Methode ist die, die nach dem Mahalo am meisten positives Feedback aus der Community bekommen hat. Ich habe sie mehrfach bei meinen Kundenteams eingesetzt und einige Teams führen sie viele Jahre später noch immer durch. Die Wirkung dieser Methode ist eher langfristig. Das bedeutet, dass die Methode, obwohl sie einen sofortigen Effekt haben wird, idealerweise für eine nachhaltige und deutliche Verbesserung der Wahrnehmung und der Stimmung in einem Team sorgt.

Diese Methode ist auf den Einsatz in einem Team mit drei bis zwölf Mitarbeitern konzipiert und ist in einer Zeit weit vor der Coronapandemie entstanden. Deshalb gibt es diese Priming-Karten in gedruckter Form. Wenn Interesse an den gedruckten Karten besteht, kannst du welche auf der Emendare-Webseite anfordern (vgl. Emendare 2022, https://primingcards.emendare.de).

Die Priming Cards lassen sich leicht einsetzen, egal, ob die Teilnehmer in einer Online-Konferenz anwesend sind oder sich um einen Tisch versammelt haben.

Konkrete Ziele dieser Methode:

- intensive, positive Reflexion der letzten Wochen,
- Etablieren des Gesprächs um das Thema »Stolz«,
- Aufmerksamkeit für positive Zusammenarbeitsaspekte steigern.

Priming Cards

Die Teilnehmer setzen sich in einen Kreis, sodass sich alle sehen können. Bei Online-Konferenzen wird eine Sitzreihenfolge definiert und für alle sichtbar gemacht. Alle wissen, wer die jeweiligen Nebensitzer sind. Für jeden Teilnehmer sollten circa fünfzehn Minuten Zeit eingeplant werden. Einer der Teilnehmer nimmt sich die Fragekarten und stellt die abgedruckten Fragen an die nächste Person. Die Fragen sollten der Reihenfolge nach von eins bis vier gestellt werden, Frage zwei und Frage vier dürfen wiederholt werden.

1. »Was hast du in den letzten Wochen getan, worauf du stolz bist?«
2. »Was noch?« (Diese Frage darf wiederholt werden.)
3. »Was hast du im letzten Sprint getan, was anderen geholfen hat?«
4. (Frage an die anderen Teilnehmer) »Was hat sie/er vergessen?«

Wenn die befragte Person alle Fragen beantwortet hat und das Team die Punkte zu Frage vier ergänzt hat, gibt die fragende Person die Karten an die befragte Person weiter. Jetzt stellt die gerade befragte Person die Fragen an den nächsten Teilnehmer.

Ein paar Gedanken zu den einzelnen Fragen:
Erstens: Ich treffe selten auf Teams, die den Begriff »Stolz« in ihrem normalen Sprachrepertoire haben. Dadurch, dass selten über Stolz gesprochen wird, fehlt eine wichtige Komponente der Wertschätzung. Falls die Priming Cards zum ersten Mal in einem Team zum Einsatz kommen, ist es ein gewollter Nebeneffekt, dass das Gespräch erst einmal in Richtung »Stolz, was ist Stolz?« abgelenkt wird. Das Team kann so einen Dialog über dieses Thema führen und sich so das Gefühl des Stolzes wieder als normal zurückerobern. Selbstwirksamkeit ist ein ähnliches Gefühl wie Stolz, wenn er sich auf die eigene Leistung ohne Vergleich mit anderen bezieht. Selbstwirksamkeit hilft beim Aufbau von Resilienz und steigert die Stimmung im Team direkt.

Zweitens: Diese kleine Frage verleiht diesen Fragen eine neckische, lustige Komponente. Oft ärgern sich die Teilnehmer mit zwei bis drei Nachfragen. Letztlich ist das ein gewollter Nebeneffekt, denn in den meisten Fällen finden sich genug Antworten. Damit wird die Fragerunde noch erfolgreicher.

Drittens: Der befragten Person wird jetzt eine andere Perspektive abgefordert. Ich treffe immer wieder auf Menschen, die sich ihrer positiven Außenwirkung nicht gewahr sind. Durch diese Frage werden sie aufgefordert, genau diese Perspektive einzunehmen. Jetzt treten auch die Dinge zutage, die die befragte Person als Selbstverständlichkeit ausgeblendet hat. Vielleicht war es die eine Tasse Kaffee, die eine große Veränderung im Tag des Kollegen verursacht hat. Jetzt ist der Moment, sich hierüber klar zu werden.

Viertens: Durch die Frage an das Team kommen noch mehr Dinge zutage, die die befragte Person getan hat. Nicht selten entsteht jetzt ein ganzer Reigen an positiver Wirkung, die die befragte Person direkt als Selbstwirksamkeit wahrnehmen wird. Selbst wenn es am Anfang befremdlich oder ein bisschen peinlich wirken mag, zu hören, welche unserer Tätigkeiten von anderen Menschen wertgeschätzt werden, sorgt es unweigerlich für gute Laune.

Wenn die Teilnehmer wissen, dass diese Methode in Bälde wieder zum Einsatz kommen wird, wird sich die Aufmerksamkeit verändern. Das Wissen, dass in zwei Wochen wieder nach den eigenen Leistungen, der eigenen Wirkung und der Wirkung auf andere gefragt werden wird, schärft die Aufmerksamkeit für genau solche Dinge. Die Teilnehmer werden aufmerksamer für die positiven Dinge um sie herum. Das sorgt für gute Stimmung und Vertrauen im Team.

4. Erfolge, nichts als Erfolge!

Diese Methode hat als kleines, verrücktes Experiment gestartet. Sie kommt aus der Idee hinter »Better is the enemy of good« und zielt auf vergleichsfreies, konkurrenzfreies Austauschen von Erlebnissen und Ergebnissen.

Ein Mitarbeiter meines Kunden kam auf mich zu und wollte einfach mal unter vier Augen mit mir quatschen. »Armin, ich brauche mal jemanden, dem ich erzählen kann, was ich geschafft habe. Der nur zuhört, anerkennt und nicht kommentiert oder in Konkurrenz geht. Immer wenn ich mit jemandem aus meinem Team darüber spreche, was ich erreicht habe, wird versucht, den Fehler zu finden oder meine Leistung noch zu übertreffen.« Dieser Mitarbeiter und ich haben uns zwanzig Minuten zusammen in einen Raum gesetzt und er hat mir erzählt, was er erreicht hat.

- Die kleinen Dinge, die ihm wichtig waren,
- die großen Dinge, von denen man erwartet, dass er da Fortschritte erzielt,
- die privaten Dinge, für die sein Herz schlägt,
- die sportlichen Dinge, die ihm gesundheitlich helfen werden.

Ich habe aufmerksam zugehört, gespiegelt, dass ich verstanden habe, was er erreicht hat und warum es ihm wichtig erscheint. Ich konnte spüren, dass ich den Impuls hatte, an manchen Stellen mit Kommentaren und Bewertungen zu ergänzen, eigentlich zu stören. Ich konnte mich auf mein Gegenüber fokussieren und diesen geschützten Raum für ihn aufbauen und halten. Er erzählte und erzählte. Sein Gesicht hellte sich mehr und mehr auf und nach circa fünfzehn Minuten war er glücklich, energetisch aufgeladen und sichtbar entspannter. Einfach mal über seine eigenen Erfolge reden zu können, ohne Vergleiche, Konkurrenz und Verbesserungsvorschläge, hat ihm sehr geholfen.

Wir waren überaus überrascht!

Einerseits, wie viel Freude und Energie uns dieses Format geschenkt hat und wie leicht es uns fiel, fünfzehn Minuten mit Ergebnissen und Erlebnissen aus der nahen Vergangenheit zu füllen. Für den Sprecher ist diese Zeit gut investiert und viele neue Ideen durften entstehen und sich weiter entfalten. Andererseits, wie oft die Zuhörer den Impuls hatten, Ergänzungen, Verbesserungen und Vergleiche einzuwerfen. Uns wurde selbst deutlich, wie oft wir vergleichen, bewerten und uns unterbewusst über unsere Mitmenschen stellen. Somit war dieses Format eine wertvolle Achtsamkeitsübung, bei der das Zuhören geübt werden wollte und das Halten des Fokus schwerer fiel als erwartet.

Dieses Format lässt sich wunderbar in Familien, Teams, Vereinen und Kleingruppen etablieren, um auf den letzten Urlaub, den Projektabschluss oder regelmäßig die Trainingserfolge zu fokussieren. Daraus entsteht Energie für die nächsten Vorhaben und einen besseren Abschluss kann ich mir kaum vorstellen.

Wir haben danach den Kreis der Teilnehmer auf vier Personen erweitert, und zwar mit folgenden Regeln:

- Der Termin dauert eine Stunde.
- Alle Teilnehmer haben eine Redezeit von sieben Minuten.
- Alle Teilnehmer hören den anderen aufmerksam zu.
- Alle Störungen von außen müssen abgeschaltet werden.
- Der Tisch ist leer. Es gibt keine Mobiltelefone, Rechner, Notizblöcke.
- Was in dieser Runde besprochen wird, bleibt in dieser Runde. (Las-Vegas-Regel: What happens in Vegas, stays in Vegas.)
- Alle Themen und Kontexte sind erlaubt.
- Pausen, Zeiten der Stille sind okay.
- Es geht nicht um Quantität, worüber die Teilnehmer sprechen wollen, ist ihre Entscheidung. Alle Kleinigkeiten, Unwichtigkeiten und Nebensächlichkeiten sind erlaubt. Die sieben Minuten Redezeit gehören der teilnehmenden Person.
- Alle Teilnehmer hören aufmerksam zu, halten so oft wie möglich Augenkontakt und kommentieren, vergleichen oder verbessern keinesfalls. Verständnisfragen sind erlaubt.

(Mit mehr als sechs Teilnehmern wird das Format recht lang und sperrig, die Wartezeiten werden dann zu lang. Als Voraussetzung brauchen alle Teilnehmer ein gewisses Grundvertrauen zueinander und ein gewisses Verständnis für das Umfeld der anderen Teilnehmer.)

Nach einer kompletten Runde können Eindrücke und Erfahrungen ausgetauscht werden. Oft entsteht hierbei ein intensiver Austausch, das Zeitfenster sollte nicht zu knapp bemessen werden. Hier lernen die Teilnehmer sich gegenseitig auf eine Weise kennen, die in der modernen Zeit selten geworden ist. Man hört sich gegenseitig dabei zu, was Freude ins Leben gebracht hat. Hierbei entstehen großartige Verbindungen!

5. Patient Sonnenschein

Nicht alle Mitarbeiter in deinem Umfeld haben Kundenkontakt? Die Mitarbeiter am Empfang bekommen die ganzen Lorbeeren? Dann habe ich hier eine wunderbare Methode, um auch für diese Kollegen und Kolleginnen für Positives zu sorgen. Diese Methode ist in der Zusammenarbeit mit einer Augenarztpraxis entstanden und kann leicht in jedes Umfeld mit einer ähnlichen Herausforderung transferiert werden. Ich arbeite immer wieder in verschiedenen Arztpraxen und die besten Ideen und Methoden entstehen direkt bei der Arbeit.

Es ist hierbei egal, ob es sich um eine kleine Arztpraxis oder eine große Firma handelt, der grundsätzliche Mechanismus wird in beiden Kontexten ähnlich funktionieren.

Wie Leser dieses Buchs bereits wissen, brauchen wir das negative Feedback unserer Kunden, um unsere Prozesse und Arbeitsweisen zu verbessern. Das positive Feedback der Kunden hilft den Mitarbeitern, Selbstwirksamkeit zu spüren, daraus wiederum Motivation und Energie zu schöpfen und insgesamt eine positive Stimmung aufzubauen.

Es geht konkret darum, den einzelnen Mitarbeitern und dem Team als solchem zu helfen, eine gute Stimmung zu halten, das Gefühl von Selbstwirksamkeit genießen zu können und direkt vom Kunden zu lernen, welche Arbeitsweisen positiv wahrgenommen wurden. Im Idealfall passiert das direkt im Austausch, der zum Beispiel bei der Verabschiedung und der Verabredung des nächsten Termins ohnehin passiert.

Was machen die Kollegen und Kolleginnen, die im Alltag keine Kunden sehen? Auf den ersten Blick erscheint das fast wie ein Vorteil. Die Personen am Empfang müssen Termine klären, hören die Kritik der unzufriedenen Kunden, spüren die Angst der besorgten Patienten und hören das Geschrei der verunsicherten Kinder. Gleichermaßen spüren die Personen am Empfang die Erleichterung bei den Patienten mit guten Nachrichten, die Erleichterung bei den Kindern und sie sehen die Verbesserung bei Problempatienten. Dadurch haben die Menschen am Empfang eine direkte Verbindung zwischen ihrer Arbeit und können so ihre eigene Wirkung spüren. Hinzu kommen die Momente, in denen Patienten ihrer Dankbarkeit Ausdruck verleihen, eine freundliche Bemerkung platzieren oder kleine Aufmerksamkeiten als Geschenk überreichen.

Alle diese Rückmeldungen fallen für die Menschen ohne direkten Kunden- oder Patientenkontakt weg. Es mag an einigen (hoffentlich) wenigen Tagen wie ein Segen klingen, nichts von den motzenden und nervigen Patienten mitzukriegen. Dennoch ist es langfristig frustran, nicht mitzuerleben, welche Wirkung die eigene Arbeit hat.

Um die Rückmeldung dennoch allen Mitarbeitern zugänglich zu machen, sollten die positiven Rückmeldungen an zentraler Stelle gesammelt werden. Das Team hat anfangs die Tür des Pausenraums mit Zitaten von dankbaren Patienten, Kommentaren von zufriedenen Kunden et cetera beklebt. Die Mitarbeiter konnten in den Pausen und beim Arbeitsbeginn nachschauen, welche neuen Aufkleber mit guter Rückmeldung dazugekommen waren. Auf diese Weise sollten den Mitarbeitern in den Ruhezeiten die positiven Rückmeldungen der Patienten sichtbar werden.

Leider ging das Notieren der positiven Kommentare im zum Teil hektischen Alltag unter. Viele Hinweise wurden vergessen, Notizen gingen verloren und der Effekt ist recht schnell wieder verflogen. Um dieses Problem zu lösen, haben die Mitarbeiter noch eine besser Variante gefunden: der Patient Sonnenschein.

Da alle Mitarbeiter in der digitalen Patientenverwaltung arbeiten müssen – am Empfang, um Termine einzutragen, bei den Untersuchungsstationen mit den Ergebnissen und im Labor mit den Analysewerten –, gibt es jetzt einen »Patienten Sonnenschein«. In dieser Patientenakte werden alle Rückmeldungen gesammelt, die von allen Patienten an das Team gegeben werden. So kann jeder Mitarbeiter selbst zu jeder Zeit nachschauen, welche Wirkung die Arbeit hat.

Diese Patientenakte ist fester Programmpunkt in der Teambesprechung. Die Highlights der letzten vier Wochen werden noch mal vorgelesen und die Mitarbeiter fühlen sich erneut kurz in die konkrete Situation hinein. Damit entsteht für das gesamte Team eine wertschätzende Stimmung und jene sorgt für gute Laune.

Das immerwährende Sammeln von gutem Feedback und das Reflektieren auf selbiges schaffen eine Rückmeldungsschleife. Die Mitglieder des Teams sagen mit einer Stimme: »Durch die Erinnerung an die schönen Momente, gerade für die Mitarbeiter im Labor, lassen sich die schweren Tage leichter nehmen!« – In anderen Worten: Die Methode baut für alle Mitarbeiter Resilienz auf.

6. Die Dankesrunde

Neben meiner Tätigkeit als Coach darf ich immer wieder Teams und Organisationen dabei helfen, besser zu werden. Auf Team- und Abteilungsebene und manchmal für die komplette Organisation. Hier ist es unerlässlich, immer wieder innezuhalten, die bisherigen Erfolge und die kommenden Schritte zu betrachten, um so die weiteren Maßnahmen zu besprechen. Dieser Termin wird Retrospektive genannt. Alle Beteiligten haben die Möglichkeit, sich mit den folgenden drei Fragen zu beschäftigen:

- Was lief gut?
- Was hat uns überrascht?
- Was wollen wir anders machen?

Der Einfachheit halber habe ich hier nur einen beispielhaften Satz von Fragen notiert, hier sind unendlich viele Varianten denkbar. Diese Reflexionstermine werden in meist zweiwöchigen Abständen eingeplant und von mir moderiert. Diese zwei Wochen beschreiben einen sogenannten Sprint. Das Ende dieses Termins ist gleichzeitig der Beginn des nächsten zweiwöchigen Abschnitts. In einer Retrospektive kommt es nicht selten zu spannenden Diskussionen, neuen Erkenntnissen und nicht immer leichten Abstimmungsentscheidungen. Als Moderator habe ich ein großes Interesse daran, dass die Teammitglieder positiv gestimmt und offen für Neues in den nächsten Sprint starten. Hierbei hilft mir die Methode »Dankesrunde«.

(Du kannst die Dankesrunde an vielen Stellen einsetzen, wo eine bestimmte Form der Zusammenarbeit oder des Zusammenseins endet. Am Ende einer Vereinssitzung, zum Ende einer Planungs- oder Budgetbesprechung oder am Ende einer Trainingseinheit.)

Teilnehmer: zwei bis zwanzig
Dauer: circa zwei bis drei Minuten pro Teilnehmer
Notwendig: gemeinsamer (virtueller) Raum
Ziel: Dankbarkeit in Team und Gruppe teilen, dadurch Stressabbau, positive Stimmung und Priming für die nächste Arbeitsphase.

Dankesrunde

Die Dankesrunde funktioniert so

Alle Teilnehmer bilden einen Kreis, sodass sich alle sehen und ansprechen können. Du rufst allen Teilnehmern in Erinnerung, worauf beim Danksagen zu achten ist: Sichtkontakt, persönliche Ansprache, eventuell Körperkontakt (Handschlag, High five und so weiter) und Beschreiben des Kontextes und der Wirkung, die eine bestimmte Interaktion hatte. Die Teilnehmer dürfen nun ungeordnet ihren Dank formulieren. Idealerweise werden die Teilnehmer andere Teilnehmer direkt ansprechen. Dank an Gruppen oder Nichtanwesende ist möglich.

»Hey, Stefan, ich danke dir für die Tasse Tee. Die hat mich total entspannt und kam genau zum richtigen Zeitpunkt!«
»Ich bin dankbar dafür, dass das Orga-Komitee uns so günstige Termine für die nächste Saison ausgelost hat.«
»Gabi, ich danke dir für deine Unterstützung beim Datenbankproblem. Das war wirklich ein kniffliger Fehler, den ich ohne dich nicht gefunden hätte!«
»Danke an die Kantine, dass es heute wieder meine Lieblingsnudeln gibt!«

Jetzt passieren mehrere Dinge

1. Die Teilnehmer sagen sich Danke und haben damit einen großen Beitrag zur Motivation der einzelnen Personen und des Teams geleistet.
2. Alle Teilnehmer spüren, dass in diesem Team gegenseitige Wertschätzung stattfindet.
3. Jeder Teilnehmer kann für sich mit den vergangenen Tagen und Themen abschließen.
4. In vielen Teams ist körpersprachlich zu sehen, wie sich die Teilnehmer entspannen.
5. Nach den ersten Runden steigt die Anzahl der lächelnden Teilnehmer schnell an.
6. Die Runde endet, wenn alle ihren Dank adressiert haben.

Als ich bei einem bestimmten Kunden einige Monate tätig war, haben wir natürlich am Ende jeder Retrospektive eine Dankesrunde gemacht. Mal zu viert, mal zu zwölft. Mal kurz und mal länger. Mal zu ernsteren Dingen und immer wieder mal fast albern. Als ich das Team verlassen habe, habe ich die Teammitglieder gefragt, welche meiner Methoden sie auf jeden Fall weiter in ihrem Team am Leben halten wollen. Klare und eindeutige Antwort:

»Die Dankesrunde. Das ist ein wunderschöner Abschluss und gleichzeitig ein toller Start!«

> Armins Dankesrunde wird seit vielen Jahren in unserem Team praktiziert. Das Gefühl, explizit für die geleistete Arbeit aus dem abgeschlossenen Sprint von den Kollegen wertgeschätzt zu werden, motiviert und schweißt das Team zusammen. Viele positive Erlebnisse, die im Alltag schnell untergehen und in Vergessenheit geraten, werden hier noch einmal bewusst gemacht und mit dem gesamten Team geteilt. Wir werden die Dankesrunde nie wieder aufgeben, denn wir feiern seitdem am Sprintende nicht nur einen großen Sprinterfolg, sondern jedes einzelne Teammitglied, das unser Team so stark macht.
>
> Danke Armin!

Wenn alle Beteiligten wissen, dass am Ende des Trainingslagers, der Retrospektive oder der Wanderung eine Dankesrunde stattfinden wird, werden sie unterbewusst darauf achten, wofür sie dankbar sind. Dieses Priming ist ein gewünschter Nebeneffekt, denn er prägt die Aufmerksamkeit für Dinge, auf die die Teilnehmer dankbar reagieren können. Je aufmerksamer wir für solche Dinge sind, desto mehr Dinge werden wir finden.

7. Check-in

In Situationen, in denen ein Team, eine Mannschaft zusammenkommt, versuche ich, einen möglichst positiven Rahmen zu schaffen und diesen dann zu halten. Wie ich im Kapitel »Umgang mit negativen Informationen« (Seite 38 ff.) beschrieben habe, kann ich einer vorausgegangenem, negativen Information kaum noch etwas entgegensetzen. Genau hier setzt die Mini-Methode Check-in an.

Direkt zu Beginn des Termins, direkt beim Zusammentreffen stelle ich eine Frage, die einen positiven Rahmen schafft:

- Worauf freut ihr euch am heutigen Tag?
- Welches Erlebnis der letzten Wochen ist euch besonders freudig in Erinnerung?
- Was hat euch beim letzten Zusammentreffen dieser Art besonders geholfen?
- Welche Kleinigkeit reicht euch heute als Zwischenschritt?

Ich erreiche damit zwei Dinge:

1. Die Teilnehmer kommen im Termin an und wissen, dass jetzt der Kontext des Termins gilt. Das schafft Fokus.
2. Idealerweise finden alle etwas Positives zum Antworten. Dadurch hat der Teilnehmerkreis zum Einstieg eine positive Wahrnehmung. Das prägt die weitere Zusammenarbeit.

Wenn du im Verein, mit deiner Mannschaft oder deiner Wandergruppe zusammentriffst, lohnt es sich bestimmt, vor Antritt der sportlichen Betätigung oder vor dem Einstieg in die Diskussion einen Check-in zu machen. Das setzt einen positiven Fokus für den darauffolgenden Austausch.

Viele meiner ehemaligen Kunden bedanken sich noch Jahre später für die Check-ins, denn diese haben sie inspiriert, aus dem Alltag gerissen und auf die kommende Woche fokussiert. Das war zu keinem Zeitpunkt meine Absicht und die Tatsache, dass dieses Feedback kommt, zeigt die Wirkung, die solche Kleinigkeiten haben können.

8. Flachwitz gefällig?

Mein einfachstes Werkzeug, um die Stimmung in einer Gruppe anzuheben, sind Flachwitze:

»Was ist grün und haut gegen die Tür? – Ein Klopfsalat.«
»Was liegt am Meer und spricht undeutlich? – Eine Nuschel.«
»Was liegt am Meer, spricht undeutlich und putzt sich dauernd die Nase? – Eine Niesnuschel.«

Nein, keiner dieser Witze fällt durch besonders hohen Anspruch auf. Keiner dieser Witze stammt aus meiner Kreativität, alle sind irgendwie im Internet unterwegs und in meiner Erinnerung haften geblieben. Keiner dieser Witze bringt den Anspruch mit sich, eine Stimmung drastisch zu verbessern. Und genau wie mit den Check-ins schaffe ich damit einen anderen Fokus.

Vielleicht liegt das Team länger im Streit und gibt sich keinen Rahmen mehr, über Lustiges zu sprechen oder gar zu lachen. Vielleicht sind die Kollegen so tief in der Problemanalyse, dass dringend mal ein anderer Gedanke für Abwechslung im Gehirn sorgen muss. Vielleicht lerne ich Menschen gerade erst kennen und mache mich selbst ein wenig zum Clown, um leichter an die Menschen ranzukommen.

In einigen Kontexten bin ich für meine Flachwitze bekannt, da ich sie als Icebreaker und zur Ablenkung nutze. Der Witz muss nicht gut sein. Die Intention des Erzählers sollte das durchaus sein. Diese wirklich dummen Flachwitze haben eine besondere Eigenschaft: Sie sind ein bisschen lustig, und das selten auf Kosten einer dritten Partei. Wortspiele, mehr nicht. Sie reißen uns dennoch aus dem aktuellen Denken und öffnen uns für die Interaktion.

9. Check-in ins Büro?

Ich habe bei einem meiner Kunden immer wieder Check-in-Fragen an die Bürotür geklebt. Diese habe ich natürlich ebenfalls mit einer positiven Perspektive gewählt und durch das Ankleben eines Stiftes dafür gesorgt, dass jeder beim Betreten oder Verlassen des Büros eine Antwort für alle anderen hinterlassen konnte.

Alles, was es dafür brauchte, waren große Plakate, ein klein wenig Zeit, um die Frage ansprechend aufzumalen, und ein Stift, um Antworten zu ermöglichen.

»Worüber sollten wir aus dem vierten Obergeschoss mal mit den Kolleg:innen aus dem fünften Obergeschoss sprechen?«
»Was hat dir diese Woche Freude im Büro bereitet?«
(Im Kontext des Umzugs:) »Was nimmst du auf jeden Fall mit ins neue Büro?«
»Wem, außerhalb dieser Etage, sollten wir Danke sagen?«
»Welche Zahl war euch diese Woche wichtig und warum?«

Büro-Check-in

Auf diese Weise wurden genau wie bei der Mahalo-Methode positive, neue Informationen ausgetauscht, die normalerweise einfach unbeachtet geblieben wären. Dies führte immer wieder zu netten Gesprächen, gegenseitigem Lernen und einige Kollegen haben mir erzählt, dass auch dann, wenn sie selbst nichts auf dem Plakat notiert hatten, die Plakate immer wieder für Lächeln beim Hinaus- oder Hineingehen gesorgt hatten. Was kann Schöneres passieren als jemand, der den Arbeitsplatz mit einem Lächeln auf den Lippen betritt.

VI.
Zum Abschluss

Herzlich willkommen am Schluss.

Der Schluss dieses Buchs ist der (Neu-)Start deiner Reise zur Positivität. Sicherlich hast du schon einige Dinge ausprobiert und kannst bereits auf deinen eigenen Erfahrungsschatz zurückblicken.

Du kannst dieses Buch immer wieder aus dem Regal ziehen und durch die Methoden blättern, um dich neu zu inspirieren. Genau dafür ist die Positiv-wirkt-Sofortstart-Anleitung da! Schau kurz rein und schon wirst du neue Ideen haben.

Viel Freude dabei, denn je mehr eigene Experimente du gemacht hast, umso mehr gute Varianten wirst du finden. Je mehr du tust, umso flexibler wirst du. Genau wie der Mahalo mittlerweile bei einigen Freunden und Bekannten in verschiedenen Varianten Positivität verbreitet, kannst du deine eigenen Ideen einbringen.

Jetzt geh raus! Schreib deine eigenen Erfolgsgeschichten. Wie immer lieber kleine, doch dafür viele! Nicht jeder Tag wird am oberen Limit laufen. Ich frage mich, ob es ein sonniger Tag sein wird, wenn du das erste Mal denkst: »Was für ein wunderbares Leben ich doch führen darf! Danke!«

Mir würde es große Freude bereiten, wenn ich deine Erfolgsgeschichten, Methoden und Anmerkungen zugeschickt bekäme. Ich antworte sicher, mache vielleicht eine Podcast-Folge zu deinem Thema oder freue mich einfach, dass meine Methoden, meine Energie und dieses Buch dich erreicht haben.

Schreib (mir) deine Erfolgsgeschichte an buch@positivwirkt.de.

Danksagung

Meiner wunderbaren Frau und Geliebten Kiki, ohne dich wäre meine Reise zur Positivität anders verlaufen oder nie gestartet!

Marc Löffler für den freundlichen, aber festen Schubs in die richtige Richtung. Ohne dich gäbe es dieses Buch nicht.

Christian Hoffmann und dem BusinessVillage Verlag, der mich durch die Reise zum Buch begleitet hat.

Mama und Papa, euren positiven Einfluss habe ich an vielen Stellen wiederfinden und wertschätzen dürfen.

Daniel Hommel, der mich immer wieder inspiriert und motiviert hat, dieses Buch weiterzuschreiben.

Meinem Team bei Emendare, das mir den Freiraum gegeben hat, Zeit ins das Buch zu investieren.

Allen Klienten und Kollegen, die mir erlaubt haben, Zitate und Teile aus unserer gemeinsamen Arbeit zu verwenden.

Cosima Laube, mit der ich viele wundervolle Vorträge zu den Zusammenhängen hinter der Dankbarkeit halten durfte.

Rita Leitner, die mich mit ihrem großen Vorbild nach dem Leitsatz »Life is good. Be grateful!« für mein ganzes Leben geprägt hat.

Allen Mitarbeitern von den Firmen, bei denen ich meine anfangs sicher verrückten Ideen anwenden, ausprobieren und zur Wirkung bringen konnte.

Saskia Jancik von der CyberManufaktur, die mir die wunderbaren Grafiken erstellt hat.

All den vielen Zuhörern meiner Vorträge und Podcasts, die eine winzige Inspiration ins eigene Leben integriert haben und damit diese Welt zu einem besseren Ort machen.

Frau Lyoner für die großartige Zusammenarbeit, die neben viel Spaß auch das Logo hervorgebracht hat.

Allen Lesern, die immer wieder Texte aus diesem Buch gelesen haben und mir wertvolle Rückmeldung geschenkt haben.

Sven Häwel, dessen ehrliche Rückmeldung zu einer kleinen Release-Verzögerung und einer drastischen Verbesserung des Buchs geführt hat.

Daniela Holler, die das Lektorat übernommen und Unschätzbares zur Lesbarkeit beigetragen hat.

Literaturverzeichnis

Shawn Achor (2011): The Happiness Advantage. The Seven Principles of Positive Psychology that Fuel Success and Performance at Work. (English Edition), Virgin Digital.

Shawn Achor (2013): Before Happiness. Five Actionable Strategies to Create a Positive Path to Success. (English Edition), Kindle-Ausgabe, Virgin Digital.

Shawn Achor: https://goodthinkinc.com/success-the-x-spot. Abruf 24. November 2022.

Agile-Living (2022): https://agile-living.com/karten. Abruf 24. November 2022.

Diane Andrews (2018): Good Deeds Lead To Egg Salad Sandwiches. https://www.svvoice.com/good-deeds-lead-to-egg-salad-sandwiches. Abruf 24. November 2022.

Jurgen Appelo (2010): Management 3.0. Leading Agile Developers, Developing Agile Leaders. Addison-Wesley Signature Series (Cohn), Addison-Wesley.

Duden: »Erbsenzähler«. https://www.duden.de/rechtschreibung/Erbsenzaehler. Abruf 24. November 2022.

Barbara Ehrenreich (2012): Bright Sided: How Positive Thinking Undermines America. https://youtu.be/KvwyhSeLZT8. Abruf 24. November 2022.

Emendare (2022): https://www.emendare.de/2018/07/positivitaetsmethode-priming-cards. Abruf 24. November 2022.

Barbara Fredrickson (2011): Die Macht der guten Gefühle: Wie eine positive Haltung Ihr Leben dauerhaft verändert. Campus Verlag.

Robert Kiyosaki (2014): Rich Dad Poor Dad: Was die Reichen ihren Kindern über Geld beibringen. FinanzBuch Verlag.

Reinhold Messner (2016): https://www.tagblatt.de/Nachrichten/Der-Gipfel-ist-nur-der-Umkehrpunkt-309123.html. Abruf 24. November 2022.

Leonie Michaelis (2018): Sei nie planlos, aber lass den Plan los!

Walter Moers (1999): Die 13 ½ Leben des Käpt'n Blaubär. Penguin Verlag.

Jordan Peterson (2019): 12 Rules For Life. Ordnung und Struktur in einer chaotischen Welt. Aktualisierte Neuausgabe, Goldmann Verlag.

Dan Pink (2011): Drive. Was Sie wirklich motiviert. EcoWin Verlag.

Marc Pletzer (2017): Die Cappuccino-Strategie. Besser Ziele erreichen. Blue Planet AG.

Bodo Schäfers (2022): 3 Leitsätze für Dein Leben. Zum Thema Verantwortung. https://www.youtube.com/watch?v=J7KUp0KgobM. Gesehen live 2018, als Video 2022. Abruf 24. November 2022.

Axel Scheffler, Julia Donaldson (2002): Der Grüffelo. Beltz & Gelberg.

Götz W. Werner (2021): Mit Vertrauen führen. Inspirationen für eine innovative Unternehmenskultur. Concadora Verlag.

Wikipedia: »Komparation«. https://de.wikipedia.org/wiki/Komparation. Abruf 24. November 2022.

Wikipedia: »Positives Denken«. https://de.wikipedia.org/wiki/Positives_Denken. Abruf 24. November 2022.

Wikipedia: »Selbstwirksamkeitserwartung«. https://de.wikipedia.org/wiki/Selbstwirksamkeitserwartung. Abruf 24. November 2022.

Resilienz

Denis Mourlane
Resilienz
Die unentdeckte Fähigkeit der wirklich Erfolgreichen
12. Auflage 2021

226 Seiten; Broschur; 24,95 Euro
ISBN 978-3-86980-249-7; Art.-Nr.: 940

Erfolgreiche Menschen haben eine Eigenschaft, die sie von anderen unterscheidet und doch sofort wahrnehmbar ist: Gelassenheit. Sie meistern schwierige Situationen scheinbar mit Leichtigkeit, persönliche Angriffe prallen an ihnen ab und selbst unter hohem Druck büßen sie ihre Leistungsfähigkeit nicht ein.

Was machen diese Menschen anders? Sie beherrschen die Gelassenheit im Umgang mit sich, mit ihren Mitmenschen und mit den Herausforderungen, die das Leben und ihre tägliche Arbeit für sie bereithalten. Eine Eigenschaft, nach der sich immer mehr Menschen sehnen und die in der heutigen Zeit immer bedeutender wird. Resiliente Menschen verbinden diese Fähigkeit mit einer erstaunlichen Zielorientierung, Konsequenz und Disziplin in ihrem Handeln und erreichen dadurch etwas, was sie von vielen anderen unterscheidet: persönlichen Erfolg UND ein sehr großes Wohlbefinden.

In einer der wahrscheinlich spannendsten Reisen, der Reise zu Ihrem eigenen Leben, bringt Ihnen Dr. Denis Mourlane das Konzept der Resilienz näher und zeigt Ihnen, wie Sie es in Ihren Alltag integrieren.

www.BusinessVillage.de